LEER WAR DIE WELT UND OHNE SINN,
DRUM IST IM ERSTEN BILD NICHTS DRIN.

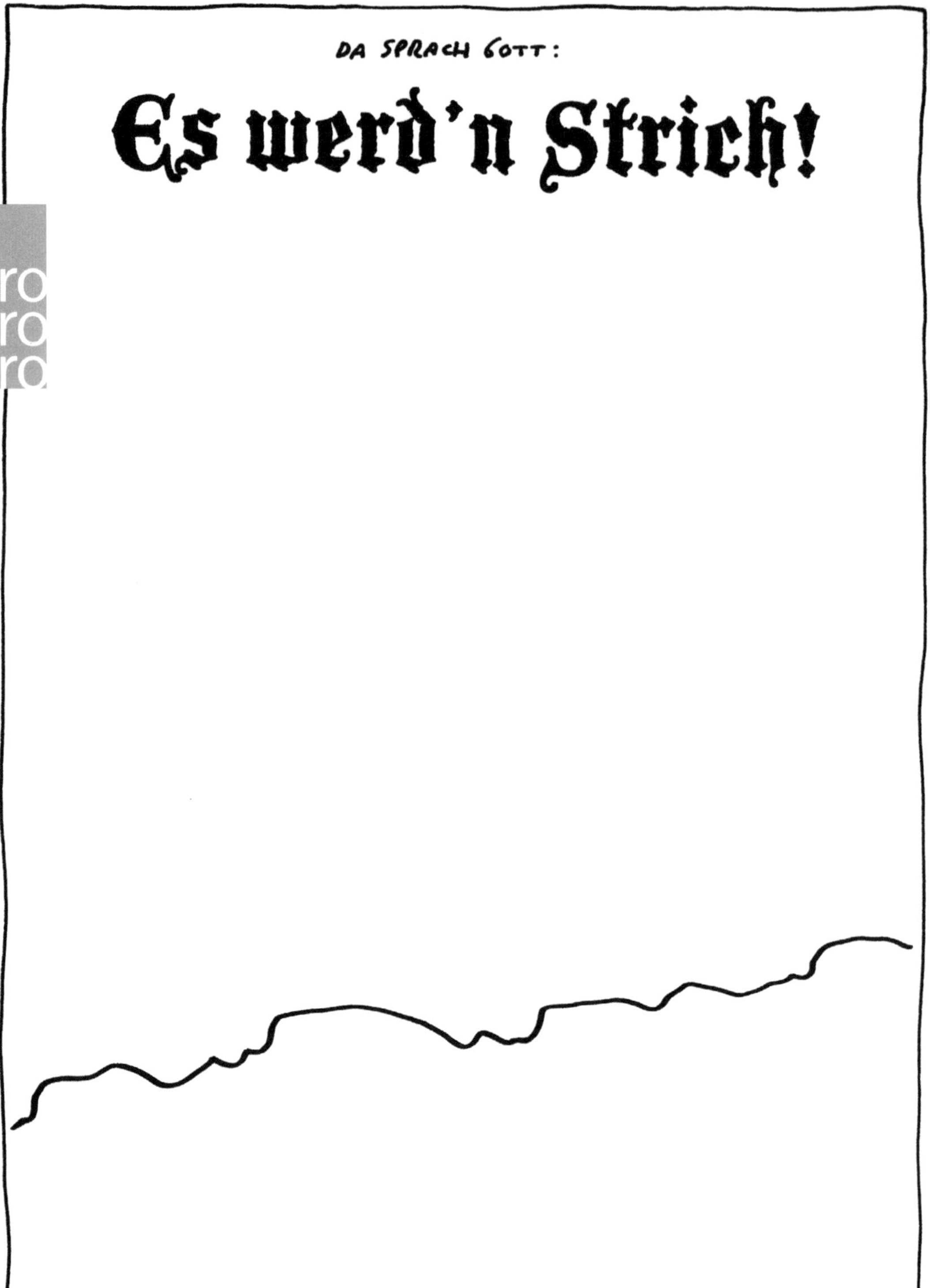

DA SPRACH GOTT:

Es werd'n Strich!

DOCH DER WAR ZIEMLICH KRAKELICH.

rororo

DER SCHÖPFER MURMELTE:
Verflucht!
UND HAT ES GLEICH NOCHMAL VERSUCHT.

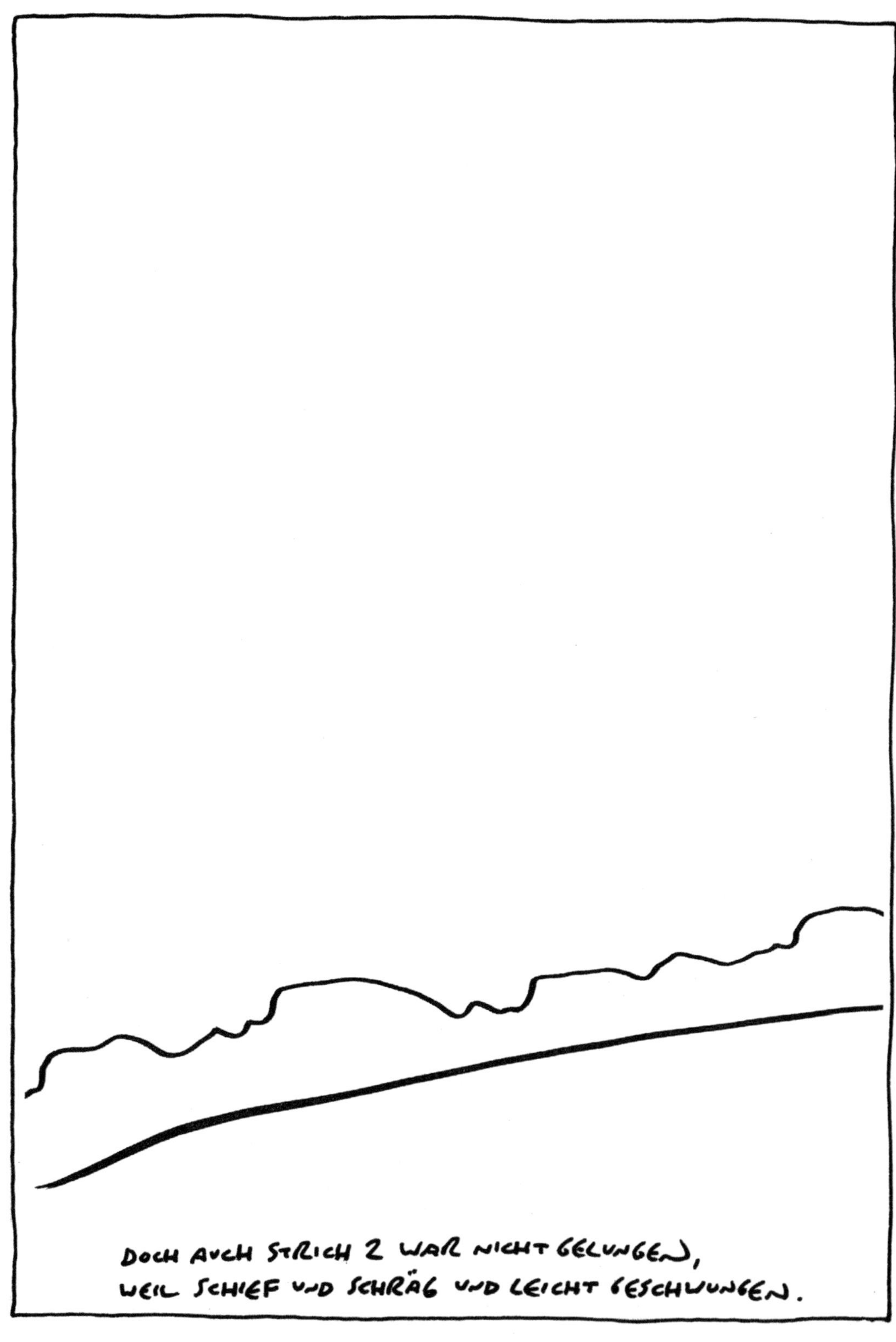
DOCH AUCH STRICH 2 WAR NICHT GELUNGEN,
WEIL SCHIEF UND SCHRÄG UND LEICHT GESCHWUNGEN.

DA BEIDE LINIEN MÄNGEL HATTEN,
SCHUF DER HERRGOTT LICHT UND SCHATTEN,
UND, UM DIE FEHLER ZU KASCHIEREN,
DAS GANZE QUASI ZU VERZIEREN...

... SETZTE ER HIER UND DA NOCH KLEINE
KRINGEL HIN, NANNTE DIE STEINE...

...GRIFF SCHLUSSENDLICH ZU DEN FARBEN,
UM SICH AM BUNTEN ZU ERLABEN,
UND PINSELTE DURCHAUS GEKONNT
EIN LANDSCHAFTSBILD SAMT HORIZONT.

UND DANN SAGTE ER:
Das isse, die archetypische Kulisse!

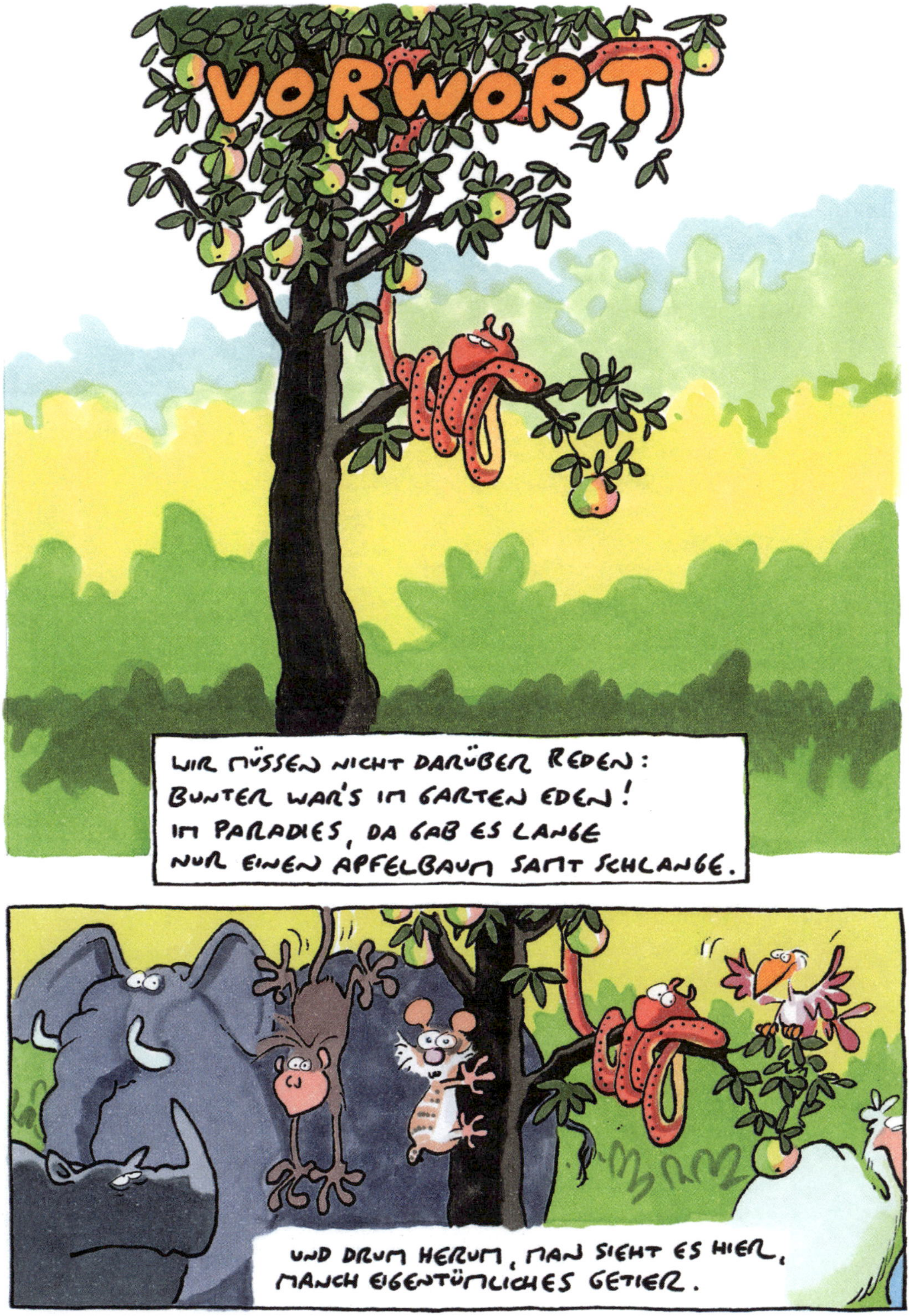

VORWORT

WIR MÜSSEN NICHT DARÜBER REDEN:
BUNTER WAR'S IM GARTEN EDEN!
IM PARADIES, DA GAB ES LANGE
NUR EINEN APFELBAUM SAMT SCHLANGE.

DOCH DIE GEHIRNE BLIEBEN SCHLICHT.
SELBSTERKENNTNIS GABS NOCH NICHT.

ALLEIN BESEH'N WAR DAS 'NE PLEITE.
DRUM MUSST 'NE FRAU AN SEINE SEITE.

DIE SCHÖPFUNG KRÖNTE DIESES KAUM.
NUN STANDEN VOR DEM APFELBAUM,
MITTENDRIN IM GARTEN EDEN
DIESE BEIDEN NACKTEN BLÖDEN.

„BLÖD", WEIL WIR JA HEUTE WISSEN,
HÄTTEN SIE DA NICHT REINGEBISSEN
IN DIE ERKENNTNISREICHE FRUCHT,
DANN HÄTTE GOTT SIE NICHT VERFLUCHT.

... GÄB NICHT BELASTETES GEMÜSE,
TREIBHAUSEFFEKT, FINANZENKRISE,
UND ICH SAG'S GANZ UNVERHOHLEN:
AUCH NICHT PRIVATFERNSEHN UND BOHLEN.

FREI WÄR DIE WELT VON KATASTROPHEN!
DOCH UNS'RE BEIDEN STRUNZENDOOFEN
HABEN DEN APFEL FRECH UND DREIST
ZUERST GEPFLÜCKT UND DANN VERSPEIST...
SICH DIE ERKENNTNIS SO GEKLAUT...

... UND UNS DAS PARADIES VERSAUT.

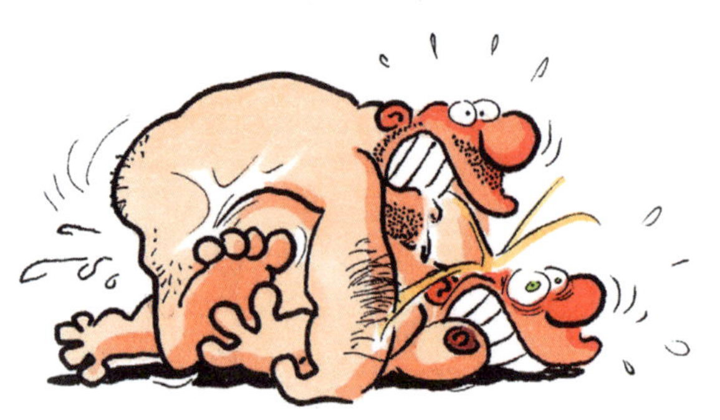

DER MENSCH ENTDECKTE NUN DEN SEX.
ER FAND DAS GEIL, GOTT WAR PERPLEX.

DENN SEX WEIL „GEIL" HAT KEINEN SINN!
DRUM IST IM SPERMA AUCH WAS DRIN.

ADAM UND EVA
ZEUGTEN SÖHNE,
DIE ICH HIERMIT
KURZ ERWÄHNE:

SIEHT MAN DIE ZWEI HIER, DENKT MAN: NEIN!
DAS SOLLEN UNS'RE AHNEN SEIN?!

SAGT KAIN ZU ABEL:

GOTT LIEBT **MICH** ABER VIEL, VIEL MEHR ALS DICH!!

ABEL DARAUFHIN ZU KAIN:

DICH DUMPFGESICHT?! DAS KANN NICHT SEIN!

GOTT LIEBT NUR MICH, SO IST'S NUN MAL, DENN ICH HAB **HAARWUCHS**, DU BIST KAHL!!

DAFÜR SIND DEINE **ZÄHNE** SCHLECHT, UND ICH HAB'S GRÖSSERE GEMÄCHT!

DAS GRÖSSERE GEMÄCHT HAB ICH!!!

KLAR! LAUTER! MACH DICH **LÄCHERLICH!!** DEIN SCHWANZ IST **KLEIN**, UND WILLST DU **ZOFF**, ZEIG ICH DIR **MEINEN**, DER IST –

Kain! Du Übeltäter!! Nur wegen zwei, drei Zentimeter?!!

JA, JA! SCHON RICHTIG! DIE GRÖSSE DES GEMÄCHTS IST WICHTIG!!!

Kain, ich muss dich jetzt verfluchen!

DA FRAGT MAN SICH, WIE KANN DAS SEIN?
DREI MÄNNER ZWAR, DOCH KAUM 'NE FRAU …
ALSO … DA WEISS MAN NICHT GENAU
UND WILL'S VIELLEICHT AUCH GAR NICHT WISSEN
UND SCHWEIGT DRUM LIEBER AUCH GEFLISSEN.
WER KANN SICH ZWEIFEL AUCH ERLAUBEN?
NICHT WISSEN SOLL'N WIR, SONDERN GLAUBEN!

DER STAMMBAUM BLEIBT SOMIT VERKLÄRT.
EGAL: DER MENSCH HAT SICH VERMEHRT.
DENN WIE ER NUN EINMAL SO IST,
MEIDET ER MÜH, FOLGT DEM GELÜST,
FRAGT KAUM, WARUM ER IST UND WER,
VERMEHRT SICH LIEBER UMSO MEHR,
IM HOCKEN, STEHEN, SITZEN, LIEGEN,
DENN SICH VERMEHREN MACHT VERGNÜGEN!

NUR EIN MENSCH VON DIESEN ALLEN
RÜMPFT DIE NAS' VOR MISSGEFALLEN,
ANGEWIDERT VON DER WELT:
NÄMLICH **NOAH**,
UNSER HELD!

„WAS DENN?! DAS SOLL NOAH SEIN?!",
HÖR ICH DIE SCHRIFTGELEHRTEN SCHREIN.
LAUT BIBEL WAR DER MANN EIN GREIS
SEIN BART WAR LANG, WAHRSCHEINLICH WEISS,
UND ES SPRACH NICHT IRGENDWER
ZU NOAH, SONDERN **ER**, DER HERR!

Verdorben ist die Welt und schlecht! Ohne Moral! Hab ICH nicht recht?!!

Der Mensch ist schlicht ein Bösewicht! Nur du, Noah, natürlich nicht!

ICH werde Mensch und Tier ersäufen!!!

Drum baue eine Arche dir und nimm ein Paar von jedem Tier hinein!
ICH werd die Erde nässen!

Da war noch was ...
... habs grad vergessen ...

Irgendwas...

Ach ja, genau!
Denk auch an deine eigne Frau!

Es muss! ICH leit die Sintflut ein! Das wird kein Wellnessbad von Kneipp!!!

Noah, du solltest dich was schämen!!!

DIE SAGE IST JA ALTBEKANNT:
DER HERRGOTT FLUTETE DAS LAND!
NUR NOAHS SELBST GESTRICKTE SOCKEN
BLIEBEN IN DER ARCHE TROCKEN.

UND GLEICH DANACH: DIE GROSSE LEERE, WIE AUF EINEM WELTEN-MEERE, WEIL SO'NE GROSSE SINTENFLUT JA ALLES ÜBERFLUTEN TUT!

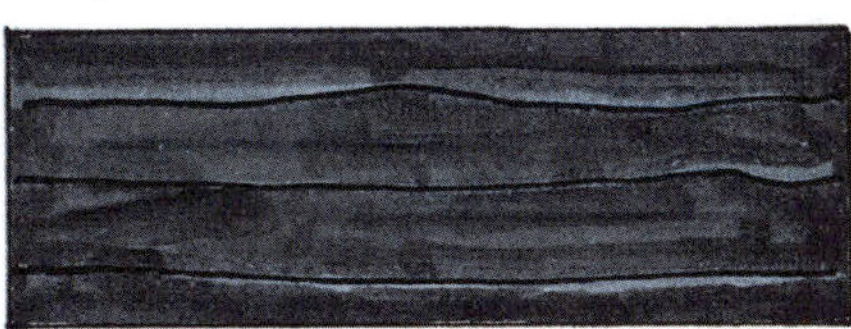

... UND DEREN FRAUN, AN DIESEN ALLEN
HATTE DER HERR EIN WOHLGEFALLEN!
DRUM SCHICKTE ER DEN GANZEN CLAN
VOR SEINER SINTFLUT AUF DEN KAHN.

UND DANN DIE TIERE: ECHSEN, LÖWEN, BIBER, ELEFANTEN, MÖWEN,
AMPHIBIEN UND FLEDERMÄUSE, WEINBERGSCHNECKEN SAMT GEHÄUSE...

ALLE SORTEN AUCH VON AFFEN, BÄREN, TIGERN UND GIRAFFEN,
VON JEDER ART EIN PUTZIG PÄRCHEN, SO SAGTS DAS BIBELISCHE MÄRCHEN.

WAS WEISS MAN NUN ÜBER DEN MANN,
WAS ALS GESICHERT GELTEN KANN?
DASS ER EIN STRAMMES MANNSBILD WAR
IM ALTER VON FÜNFHUNDERT JAHR...

...KOMMT AUS DEM TESTAMENT, DEM ALTEN.
DOCH WAS SOLL MAN DAVON HALTEN?

?!
WAS, WENN NOAH EHER WINZIG?
UND NICHT FÜNFHUNDERT, SONDERN FÜNFZIG?
WENN FUSSELIG DER BART UND DUNKEL,
DIE NASE KNOLLIG WIE 'NE RUNKEL?

WAS, WENN ER SEINE FRAU ANBRÜLLTE,
WENN DIE IHR HAAR MAL NICHT VERHÜLLTE?
WENN IN DEN AUGEN GOTTESWAHN
WIE HEUTZUTAG BEIM TALIBAN?

??!
WAS, WENN SEIN CHARAKTER ÜBEL
UND GAR NICHT „GUT" WIE IN DER BIBEL?
WAS, WENN AB SOFORT MAL ENDE
MIT DER BIBLISCHEN LEGENDE?

DIE SINTFLUT, SEGEN ODER FLUCH?
JETZT HIER IM ROWOHLT TASCHENBUCH!

RALF KÖNIG
ARCHE
TYP

Luzifer!!!

Entschuldigung.

Wie geht's? Was machst du so?

NUR WEIL DEIN EBENBILD IN EINEN APFEL GEBISSEN HAT, HAST DU MICH VERFLUCHT VOR ALLEN TIEREN AUF DEM FELDE !!! ALSO KRIECHE ICH AUF DEM BAUCH UND FRESSE ERDE, MEIN LEBEN LANG !!!

Ach ja, genau.

Vielleicht hab ich damals etwas überreagiert.

Soll ich dir Beine machen?!

Das sind Beine.

Gerade hast du dich noch beschwert, dass du auf dem Bauche kriechen und Dreck fressen musst!

ICH MEINTE NUR, DASS ES DAMALS IM GARTEN EDEN NETTER WAR ALS HIER IN DER WÜSTE!!! DA SASS ICH IM BAUM DER ERKENNTNIS UND GUCKTE AUF BLÜHENDE LANDSCHAFTEN!!!

MACH DIESE BEINE WEG, ICH KRIEG SCHON RÜCKENSCHMERZEN! DAS IST NÄMLICH NICHT IM SINNE DER EVOLUTION!!!

Ist ja gut, werd nicht hysterisch!

Ich wollte ja nur gnädig sein.

ÄH... ALSO... ÜBER DEN ASPEKT „DRECK FRESSEN" KÖNNEN WIR GERN VERHANDELN!

Nur zu! Guten Appetit.

Das ist die Schockstarre. Damit du es fressen kannst.

Ja, gibt es.

Schockstarren halten nicht ewig!

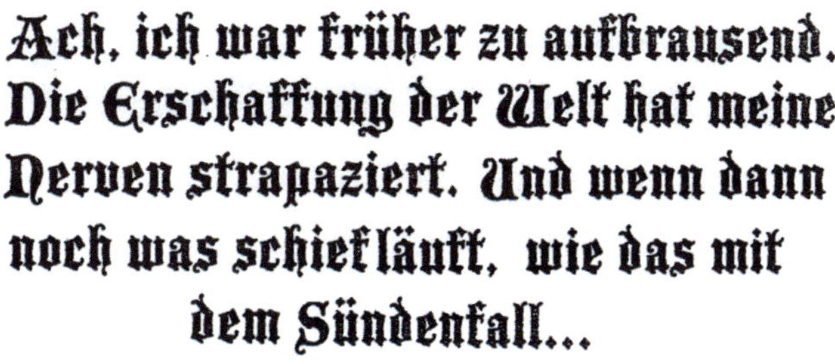

Ach, ich war früher zu aufbrausend. Die Erschaffung der Welt hat meine Nerven strapaziert. Und wenn dann noch was schief läuft, wie das mit dem Sündenfall…

Wenn du mich ärgern willst, darfst du gern wieder Dreck fressen statt lecker Kaninchen.

Wie kommst du darauf, dass ich was vorhabe?

Hältst du mich wirklich für so berechnend?

Sie mutieren halt bei der Vermehrung! War ja deine Idee mit der Fortpflanzung!

Warum? Was ist mit den Sandalen?

Aber das ganze Volk trägt Socken unter den Sandalen! Ich finde das nicht-

Versteck dich hinter den Felsen, dann wirst du's hören.

DENN ES IST DIR VIELLEICHT NOCH NICHT AUFGEFALLEN, ABER ICH, NOAH, BIN UNTER ALLEN MENSCHEN DER EINZIG GERECHTE!!!

NUR ICH BIN FROMM UND OHNE TADEL! ICH BIN DER EINZIG GUTE MANN AUF ERDEN, NUR ICH WEISS VON DEINEM PLAN UND DEINEM ZIEL UND DEINER HERRLICH-KEIT!

UND DARUM BLEIBE ICH HIER UND BEWEGE MICH NICHT VON DER STELLE, BIS DU MIT MIR SPRICHST!

Noah, du zerrst an meinen Nerven!

Was denn schon wieder für Versäumnisse?!

Ich schaue jeden Tag mal vorbei.

Geht das wieder los ...

DIE ERDE IST VERDERBT VOR MEINEN AUGEN UND VOLLER FREVEL!!!

ICH SEHE AUF DIE ERDE, UND SIEHE, SIE IST VERDERBT, DENN ALLES FLEISCH HAT SEINEN WEG VERDERBT AUF ERDEN!!!
ES GIBT UNTER DEN MENSCHEN NUR EINEN GERECHTEN, UND DAS BIN ICH!
ALLE ANDEREN SIND KOMPLETT VERDERBT!!

Noah, ich –
DU SOLLTEST DIR MAL ANSEHEN, WAS DA ABGEHT IN SODOM! UND NOCH SCHLIMMER TREIBEN SIE'S DRÜBEN IN GOMORRHA!!!
Was treiben die denn?
UNAUSSPRECHLICHES!!! JEDENFALLS DINGE, DIE ICH NIE GETRIEBEN HABE UND NIEMALS TREIBEN WERDE!!!

Hm.

Dann hast du ja vielleicht einiges verpasst!
WAS?!

HERR! HÖR MICH AN! ICH WAR IN GOMORRHA! UND IM GEGENSATZ ZU DIR HAB ICH GENAU HINGESEHEN!!!

UND ICH SAGE DIR: IN GOMORRHA HERRSCHEN MORD, TOTSCHLAG, LUG UND TRUG! HABGIER, VÖLLEREI, RACHSUCHT, EITELKEIT, RÜCKSICHTS-LOSIGKEIT, NEID, BRUTALITÄT UND NIEDERTRACHT!

AUF DEN ROLLTREPPEN BLEIBEN SIE RECHTS UND LINKS STEHEN UND LASSEN KEINEN AN SICH VORBEI!!

IN GOMORRHA TRAUT KEINER DEM ANDEREN, SIE BETRÜGEN EINANDER, BESTEHLEN SICH, HAUEN SICH GEGENSEITIG DIE KÖPFE EIN, MORDEN UND MEUCHELN!!!
KOMMEN WIR ZU SODOM!!!

IN SODOM TREIBT ES JEDER MIT JEDEM, UND ZWAR VOR DER EHE!! JUGENDLICHE KNUTSCHEN SCHAMLOS AUF OFFENER STRASSE!!!
DAS VERDERBTE WEIBSVOLK LÄUFT OHNE MÄNNERBEGLEITUNG MIT UN-VERHÜLLTEM HAAR ÜBER DIE MARKT-PLÄTZE! UND IN SODOM ENTSCHEIDEN DIE WEIBER, OB, WANN UND WEN SIE HEIRATEN!!!

UNTERDESSEN HEIRATEN DIE MÄNNER UNTEREINANDER!! MANN HEIRATET MANN UND WEIB HEIRATET WEIB, UND JETZT ADOPTIEREN SIE AUCH NOCH KINDER!
VERGNÜGUNGSVIERTEL, SPIELHÖLLEN, BORDELLE, SWINGERCLUBS, PARTYS, ORGIEN, KÖRPERKULT!!! KURZ: WOLLUST!! UND DU SCHWEIGST, HERR!!!

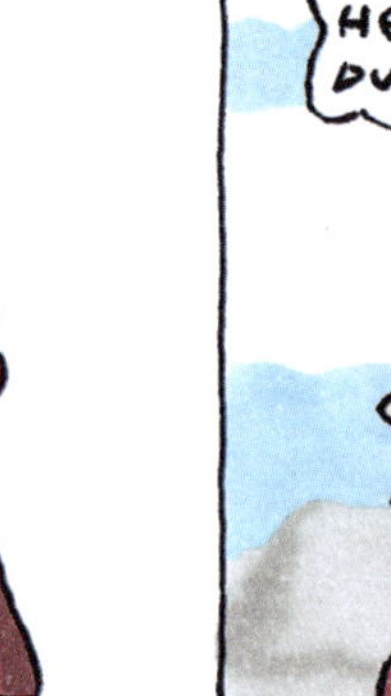
HERR?! BIST DU NOCH DA?

Sie... bleiben auf den Rolltreppen stehen?!!

Du sagst, in Sodom und Gomorrha bleiben sie rechts und links auf den Rolltreppen stehen?!
?!

Du meinst, das alte Gebot „Rechts stehen, links gehen“ wird nicht mehr befolgt?!

Und dann stehen sie da rechts und links nebeneinander und blockieren die Rolltreppen und achten nicht auf den, der da hinter ihnen steht und an ihnen vorbei will?!

Und sie bleiben sogar stehen, wenn die Rolltreppe abwärts fährt?!

Ich habe mich weitgehend aus der Schöpfungsgeschichte zurückgezogen. Sie vermehren sich munter, die Evolution geht ihren Gang. Zuletzt habe ich mich nur noch um den Ablauf der Jahreszeiten gekümmert, aber auch der läuft jetzt auf Automatik!

Ich habe mich zur Ruhe gesetzt und pflege nur noch meine Paralleluniversen. Mehr so als Hobby... mal ein paar Quarks hier und'n Quasar da... Ich bin längst fertig mit der Erde, Noah! Ihr müsst schon allein klarkommen!

Also, was soll ich deiner Meinung nach tun? Soll ich Sodom und Gomorrha etwa abfackeln?

Äh ... Noah ... Was hast du da gerade gesagt?

Äh... würdest du das nochmal wiederholen?!

Du willst, dass ich die Erde vernichte?!!

Nun, das klingt ... konsequent ...

Ich überleg mir das noch.

ALSO, WIR KÖNNEN GERN KURZ DIE ART UND WEISE KLÄREN! SO'N WELTUNTERGANG IST JA NICHT UNKOMPLIZIERT! BEI FEUERBLITZEN ZUM BEISPIEL GÄBE ES ZU BEACHTEN –

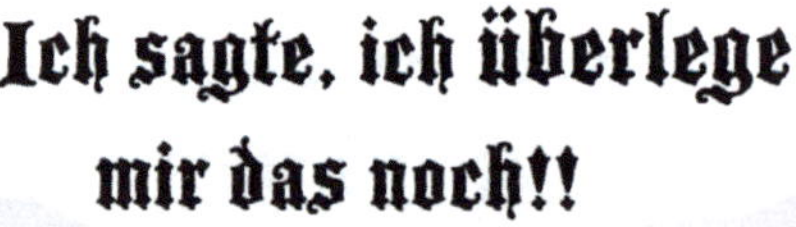

Ja, ja, Noah… ich werd die Welt vernichten. Demnächst irgendwann. Bei Gelegenheit.

Geh jetzt!

Ich melde mich dann. Jetzt verschwinde!

Hau ab!!!

Und, Luzifer?
Was sagst du dazu?

Meine Rede. Aber so schlimm wie heute war's noch nie! Jetzt hab ich ihm auch noch den Weltuntergang versprochen! Den werd ich nie wieder los!

Ja, ich kann mich kaum lassen vor Empörung...

ABER SEINE IDEE VOM REINEN GOTTESSTAAT MIT LAUTER FROMMEN NACHKOMMEN AUS SEINEM GESCHLECHT MÜSSTE DIR DOCH GEFALLEN?!

Ich habe mich immer gefragt, wie meine Vertreter auf Erden darauf kommen, dass **ICH** genauso engstirnig drauf sein könnte wie sie …

Ich war jung und ungestüm. Also, was mach ich nun mit diesem Noah?!

Und dann? Der ist fromm, der kommt doch in den Himmel! Dann hab ich den hier oben am Bein, das fehlt mir gerade!

Beschäftigen?

SODOM! ES GIBT KAUM 'NE STADT,
DIE SO EIN MIESES IMAGE HAT!
STEHT SIE DOCH FÜR HEDONISMUS,
PARTYS, DROGEN UND SEXISMUS!
KEIN BÜRGER, DER DIES JE BEREUTE ...

STATTDESSEN SCHLENDERN DIESE LEUTE HELLICHTEN TAGES, UNGENIERT
ALS OB DER SCHLECHTE RUF NOCH ZIERT, ÜBERN MARKTPLATZ,
WO TOMATEN, AROMATISCH AUS DEM GARTEN, MILCH UND KÄSE
UND GEMÜSE, GESUNDE HAMMEL VON DER WIESE, AUCH SCHNICK-
SCHNACK, DER DAS HAUS VERZIERT, LAUTSTARK ANGEBOTEN WIRD!

GOMORRHA, DER VERRUCHTE ORT,
SÜNDENPFUHL IN EINEM FORT,
FÜR VERDERBNIS RUHMBERÜCHTIGT,
WIRD VON NOAH JETZT BESICHTIGT.

FERN DER VERDERBTEN MENSCHENMASSEN
SCHREITET ER DURCH DUNKLE GASSEN...

ERREICHT ZIELSICHER NACH 'NER WEILE
DIE EIGENTLICHE SÜNDENMEILE,
UND SIEHE, PLÖTZLICH GEHTS GANZ SCHNELL,
STEHT ER VORM STÄDTISCHEN BORDELL.

GROSS BEBUST STEHT DA EIN WEIB,
NUR MIT'M HAUCH VON STOFF AM LEIB!

WAS NUN FOLGT,
DAS LIEGT DANN WOHL
EINZIG ALLEIN AM
ALKOHOL:

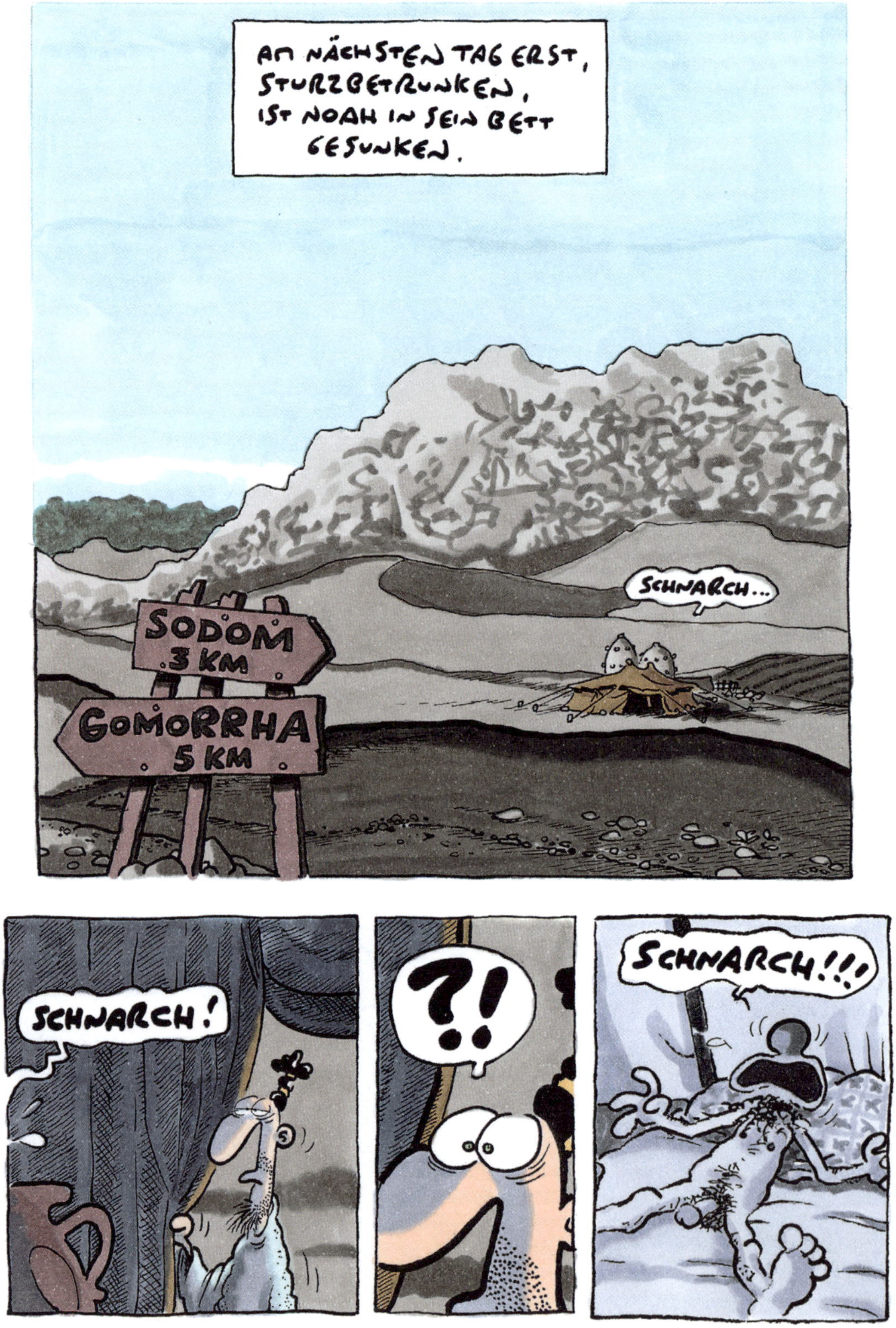

AM NÄCHSTEN TAG ERST,
STURZBETRUNKEN,
IST NOAH IN SEIN BETT
GESUNKEN.

SODOM
3 KM

GOMORRHA
5 KM

SCHNARCH...

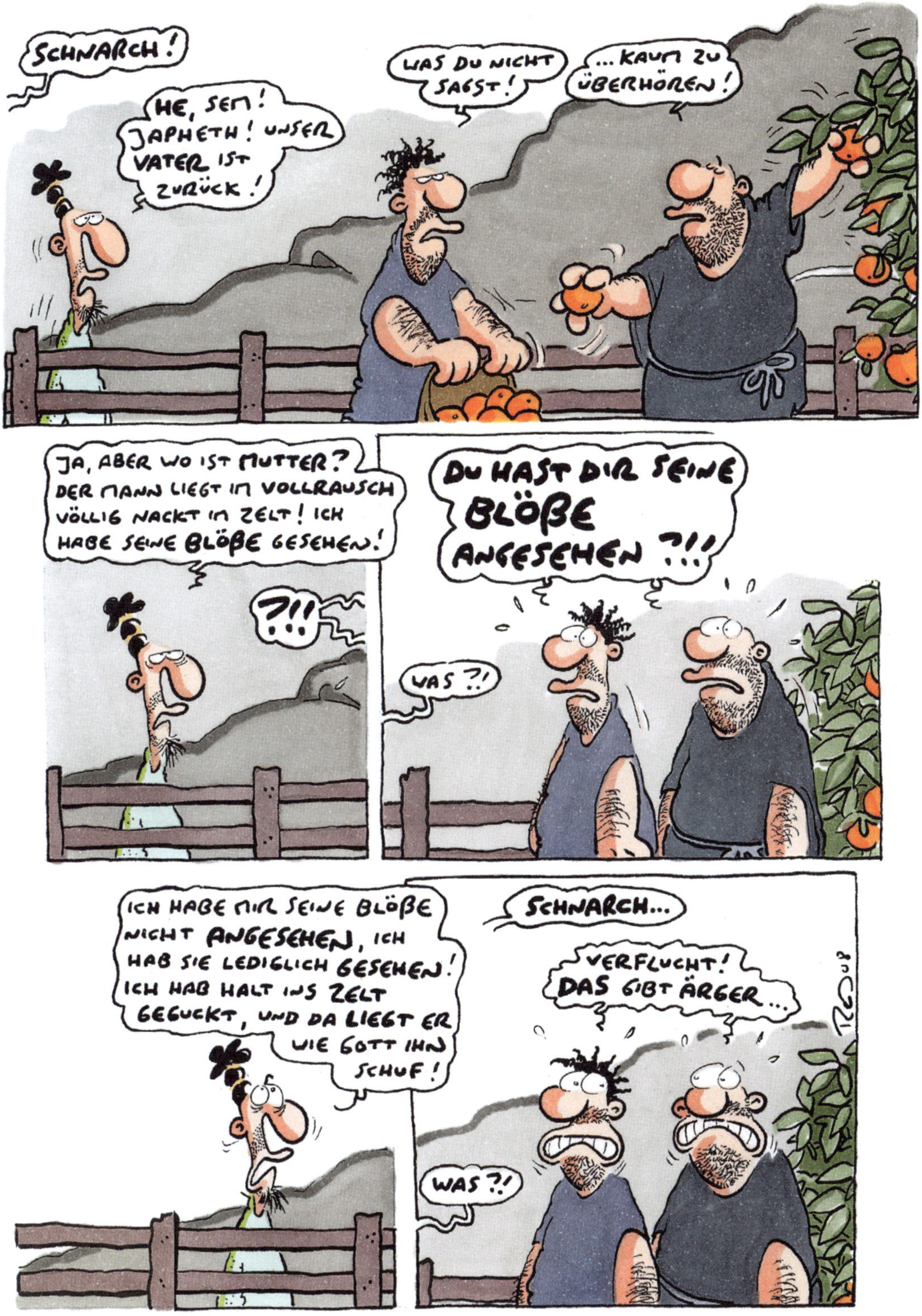

JA, ABER WO IST MUTTER? DER MANN LIEGT IM VOLLRAUSCH VÖLLIG NACKT IM ZELT! ICH HABE SEINE BLÖßE GESEHEN!

?!!

DU HAST DIR SEINE BLÖßE ANGESEHEN ?!!

WAS ?!

ICH HABE MIR SEINE BLÖßE NICHT ANGESEHEN, ICH HAB SIE LEDIGLICH GESEHEN! ICH HAB HALT INS ZELT GEGUCKT, UND DA LIEGT ER WIE GOTT IHN SCHUF!

SCHNARCH...

VERFLUCHT! DAS GIBT ÄRGER...

WAS ?!

WIESO BITTE SOLLTE MICH DIE BLÖSSE UNSERES VATERS INTERESS –
WARUM HAST DU DAS GETAN ?!!
WARUM HAB ICH WAS GETAN ?!
SCHNARCH …
UNSER VATER LIEGT BETRUNKEN UND NACKT IM ZELT, UND DU BETRACHTEST SEINE BLÖSSE ?!
WIE KRANK IST DAS DENN ?!!
SCHNARCH …
LEST ES VON MEINEN LIPPEN! ICH HABE SEINE BLÖSSE NICHT BETRACHTET!
WAS KANN ICH DAZU, DASS ER SICH NICHT RICHTIG ZUDECKT!
WO IST MUTTER ?! DIE KANN IHM JA WAS DRÜBERLEGEN !!!
WAS SOLLEN WIR NUN TUN ?! WENN ER AUSGENÜCHTERT IST, MÜSSEN WIR'S IHM BERICHTEN !!
ABER ER WIRD UNS ALLE VERFLUCHEN

UNS UND UNSERE SÖHNE UND SÖHNESSÖHNE!!!
WAS GIBT ES DA ZU BERICHTEN UND ZU VERFLUCHEN ?!!
ICH HABE EINEN BLICK AUF DAS GEMÄCHT UNSERES VATERS GEWORFEN, NA UND ?! SOLL ICH JETZT ZUR SALZ-SÄULE ER-STARREN ?!
UND WENN ES EUCH BERUHIGT: SOOO VIEL WAR DA GAR NICHT ZU SEHEN!!!

OOOPS...

MOOOMENT, BRÜDER, IHR VERSTEHT DAS ALLES FALSCH! ICH MEINTE NATÜRLICH NICHT, DASS UNSER VATER EINEN KLEINEN –
WIR HÖREN UNS DIESEN FREVEL NICHT LÄNGER AN!!

ÄH ... DARF ICH WAS RICHTIGSTELLEN ?!

DU HAST UNS SCHON GENUG ERZÄHLT, UNSELIGER !!!
WIR WERDEN EIN TUCH NEHMEN UND DAMIT RÜCKWÄRTS ZUM ZELT GEHEN, UM DIE BLÖSSE UNSERES VATERS ZU BEDECKEN!

UND UNSER ANGESICHT SOLL ABGEWANDT SEIN, DAMIT WIR DIE BLÖSSE UNSERES VATERS NICHT SEHEN!
HM!

ABER SICHERER WÄRE ES, IHR WÜRDET EUCH ZUSÄTZLICH DIE AUGEN MIT GROBEM TUCH VERBINDEN UND NOCH VORSICHTSHALBER OBSTSÄCKE ÜBER DIE KÖPFE STÜLPEN!

DA SPRICHT ER WAHR!
HÖR NICHT AUF IHN! ER SOLL VERFLUCHT SEIN UND DIE SÖHNE SEINER SÖHNESSÖHNE!

NEIN, SO GLIMPFLICH DARF ICH NICHT DAVONKOMMEN! FÜR ZWEI SEKUNDEN DIE BLÖSSE DES VATERS GESEHEN ZU HABEN, REICHT MINDESTENS FÜR DIE VERFLUCHUNG DER SÖHNESSÖHNE MEINER SÖHNESSÖHNE SÖHNESSÖHNE !!!
DA SPRICHT ER WAHR.
HÖR NICHT AUF IHN!
SCHNARCH...

SCHNAARCH...
BEREIT?
OK... UND LOS!

WAS WIRD DAS DENN, WENNS FERTIG IST?!!

MUTTER! GUT, DASS DU DA BIST!!
VATER LIEGT IM VOLLRAUSCH IM ZELT UND ...
UND IHR KLAUT IHM DAS BETTTUCH?!
WAS?! NEIN ...

DAS SIEHT MIR ABER GANZ SO AUS!!!
SCHNARCH ...
OH MEIN GOTT! ER IST JA GANZ NACKT!!!
JA, ABER ...

HABT IHR ETWA SEINE BLÖßE ANGESEHEN?! FLUCH ÜBER EUCH UND EURE SÖHNE UND SÖHNESSÖHNESSÖHNE!!!
KNIRSCH ...

SCHNARCH ...
NACH WEIN UND BIER FOLGT OFT DER KATER. DER ZUSTAND IST EIN DESOLATER ...

... UND NOAH FÄHRT
VON HIMMELWÄRTS
EIN TRAUMGESICHT
DURCHS KOPFGESCHMERZ.
ES FOLGT DER
WETTERBERICHT.
?!

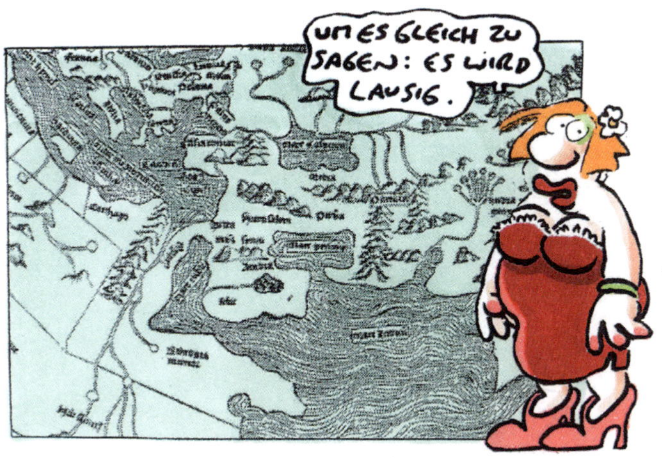
UM ES GLEICH ZU
SAGEN: ES WIRD
LAUSIG.

NACH EINEM KRÄFTIGEN HOCH ÜBER DEM ATLANTIK
UND TIEFDRUCKGEBIETEN ÜBER NORDEUROPA
STRÖMT VON NORDWESTEN ZU-
NEHMEND FEUCHTERE LUFT
IN UNSERE GEGEND.

IN DER FOLGE WIRD ES ZU HEFTIGEN WOLKENBRÜCHEN UND MORDSMÄSSIGEN REGENFÄLLEN KOMMEN, UND ZWAR UNUNTERBROCHEN VIERZIG TAGE UND VIERZIG NÄCHTE LANG, BIS ALLES LEBEN VOM ERDBODEN GETILGT IST.
DABEI KOMMT ES ZU ERHEBLICHEN VERKEHRSBEHINDERUNGEN.
BLEIBEN SIE ALSO LIEBER ZU HAUSE, ES IST SOWIESO EGAL, WO SIE ERTRINKEN.

DIE WEITEREN AUSSICHTEN: DIE WASSER NEHMEN ÜBERHAND UND WACHSEN SO SEHR AUF ERDEN, DASS ALLE HOHEN BERGE UNTER DEM GANZEN HIMMEL BEDECKT WERDEN. ERST NACH HUNDERTFÜNFZIG TAGEN ENTSPANNT SICH DIE WETTERLAGE, EIN WIND SETZT EIN UND DER WASSERSPIEGEL FÄLLT.

WEGEN ZAHLREICHER WASSERLEICHEN BESTÜNDE IN DER FOLGE SEUCHENGEFAHR, ABER DA EH ALLES TOT IST, FÄLLT DAS NICHT WEITER INS GEWICHT.

ICH WÜNSCHE IHNEN EINEN ANGENEHMEN TAG. MACHEN SIE DAS BESTE DRAUS!

SCHNARCH...

Noah!

Steh auf!
HERR, BITTE...
JETZT NICHT, HERR...

Du wolltest doch den Weltuntergang!

Du hast getrunken! Ich rieche deine Fahne bis hier oben!

Wo soll das mit dir noch hinführen?

Mit dir bin ich wirklich gestraft! Du bist eine Schande für deine Kinder und Kindeskinder!

Darum mache dir einen Kasten von Holz und verpiche ihn mit Pech innen und außen! Denn mit dir will ich meinen Bund ausrichten...

... und du sollst in die Arche gehen mit deiner Frau und deinen Söhnen und deren Frauen!

Das sagte ich gerade.

Wer wollte denn den Weltuntergang, du oder ich?! Da könntest du wenigstens ein bisschen mit anpacken!!!

Noah, du wolltest, dass ich alle Verderbnis vernichte auf Erden! Nun schicke ich die Sintflut!

Und du sollst in die Arche bringen von allen Tieren je ein Paar! Männchen und Weibchen!

Noah, ich bestehe darauf!
Von jedem Tier ein Paar!!!

SIEH MEIN ANTLITZ UND MEINEN BARTWUCHS ! WELCH EINE ZIER ! WAS IST DAGEGEN EIN TIER ?! SIEH MEINE NASE, SO RUND UND ROT WIE EIN GRANATAPFEL, SIEH MEINE –

Die rote Nase hast du nicht von mir, sondern vom Alkohol! Und ich hoffe, ich soll jetzt nicht noch dein Hirn bewundern!

ABER JA ! FAST HÄTTE ICH'S VERGESSEN ! SIEH NUR MEIN HIRN !

Was grummelst du da?

Das hoffe ich! War schließlich deine Idee mit der Apokalypse!

Sowieso. Ich bin dann mal weg und kümmere mich um die Sintflut.

WO IST ES DENN EIGENTLICH VERDERBTER, IN SODOM ODER IN GOMORRHA ?!
ODER BIST DU DIESBEZÜGLICH NOCH MITTEN IN DEN STUDIEN ?!

WEIB, UNS ERWARTET EINE SINTFLUT.
?!
WAS ?!
BAUE EINE ARCHE AUS HOLZ UND VERPICHE SIE VON INNEN UND AUSSEN MIT PECH! KEINE DISKUSSIONEN MEHR!

WOVON REDEST DU ?! WAS ERWARTET UNS ?!

DER HERR WILL EINE FLUT KOMMEN LASSEN AUF ERDEN UND HINWEGSPÜLEN ALLE VERDERBNIS, DENN DIE ERDE IST VERDERBT, DENN ALLES FLEISCH HAT SEINEN WEG VERDERBT AUF ERDEN.

ALSO, DAS MIT DER VERDERBNIS STEIGT DIR WOHL LANGSAM ZU KOPF!! DU REDEST JA WIRR!! GEH ZUM BRUNNEN UND SCHÜTTE DIR KALTES WASSER INS GESICHT!
ICH GLAUBS JA WOHL NICHT!
DU LAGST HEUTE VORMITTAG STURZBETRUNKEN UND VÖLLIG NACKICH IM ZELT!! DAS NENNE ICH VERDERBT!!!
STÖHN...

DEIN SOHN HAM HAT DICH GEFUNDEN, ER GUCKTE INS ZELT, UND DA HAT ER DEINE BLÖSSE GESEHEN!! WAS SAGST DU JETZT?!!
?!
VERFLUCHT SEI HAMS SOHN KANAAN UND SEI SEINEN BRÜDERN EIN KNECHT ALLER KNECHTE!!!
WAS?!

HAST DU GEHÖRT, KANAAN? DER OPA HAT DICH GRAD VERFLUCHT, WEIL ICH MAL KURZ SEINEN SCHNIEPEL GESEHEN HABE!
NIMM IHN MAL.
?!
HUUH, JETZT HABEN WIR ABER ANGST! BESTIMMT TREIBT DER GOTT NUN SPÄTER DEINE NACHKOMMEN VOR SICH HER!!
TATA!
EWIGE KNECHTSCHAFT WEGEN OPAS SCHNIEPEL!

JA, JA, MACH DICH NUR LUSTIG!! WER WEISS, OB FÜR ALLE MEINE SÖHNE PLATZ IST AUF DER ARCHE, WENN ES ANFÄNGT ZU REGNEN!!
ES FÄNGT AN ZU REGNEN?

WOVON REDEST DU?! HIER REGNET ES SO GUT WIE NIE UM DIESE JAHRES-ZEIT!
ICH REDE VON DER SINTFLUT!

DER HERR WIRD DIE WELT ERSÄUFEN. NUR UNS NICHT, DENN MIT MIR HAT ER EINEN BUND GESCHLOSSEN.

WIESO AUSGERECHNET MIT DIR?!
WEIL ICH OHNE TADEL BIN.

DU OHNE TADEL?!! DU REITEST JEDES WOCHENENDE AUF DEM ESEL NACH SODOM!!!
NUR, UM DIE VERDERBNIS ZU SEHEN.
ACH QUATSCH, „VERDERB-NIS"!!
IN SODOM UND GOMORRHA LEBEN GANZ NORMALE LEUTE!

UM DEINE VERDERBNIS ZU SEHEN, MUSST DU SCHON GEZIELT REIN INS ROTLICHT-MILIEU!!!
WAS WEISST DU SCHON VON SODOM UND GOMORRHA ?!
SIE SOLLEN SCHÖNE MÄRKTE HABEN MIT FRISCHEN GEMÜSE, SCHÖNEN KLEIDERN UND HANDTASCHEN!
DU KÖNNTEST MICH GERN MAL MITNEHMEN! SO EIN STADTBUMMEL WÜRDE MIR AUCH GEFALLEN!!!

NIEMALS! DAS WEIBSVOLK DA LÄUFT OHNE KOPFTÜCHER RUM!!!
NA, DENK ICH MIR, DASS DIR DAS GEFÄLLT!
DIE MÄNNER DA HEIRATEN MÄNNER!
IST JA ER-SCHÜTTERND!

DANN PASS BLOSS AUF, WENN DU IRGENDWO BETRUNKEN IN DER GOSSE LIEGST, SONST HEIRATET DICH NOCH EINER!!

WEIB!! DER HERR SCHICKT DIE SINTFLUT!! ALSO HÖR AUF ZU SCHWATZEN UND BAU EINE ARCHE!!
REICHT NICHT ERST MAL EIN REGENDACH?

WAS SOLL DENN DAS HEISSEN, DER HERR SCHICKT EINE SINTFLUT UND ICH SOLL EINE ARCHE BAUEN ?!!
BEEIL DICH, WEIB, ES BLEIBT NICHT VIEL ZEIT!

Noah!
?!

HERR ?!

Was habe ich dir gesagt?! Ich will eine Sintflut über die Erde kommen lassen und du sollst eine Arche bauen!

Genau! Ich sagte nicht, ich will eine Sintflut über die Erde kommen lassen und deine Frau soll eine Arche bauen!!!

Noah, deine Bequemlichkeit schreit zum Himmel, aber du baust diese Arche, nicht deine Frau! Du!!!

PAC! PAC!
PAC!
WAS HÄMMERT VATER EIGENTLICH DA DRAUSSEN?
PAC!
PAC!
PAC!!
ER BAUT EIN SCHIFF.
PAC
PAC
PAC PAC!!

?
?

PAC!
PAC
EIN... SCHIFF?!!
WIR SIND HIER MITTEN IN DER WÜSTE! WOZU BAUT ER EIN SCHIFF?!
ER MEINT, DER HERR HABE ZU IHM GESPROCHEN.
PAC PAC
PAC!!
SINTFLUT UND SO...

WELCHER HERR?
NA, WELCHER HERR WOHL?!! GIBT'S MEHRERE?!
DER HERR?!
WOW.
ICH WUSSTE NICHT, DASS VATER SCHIFFE BAUEN KANN!
MOMENTAN GESTALTET ER AUCH NOCH EHER DEN ZIEGENSTALL UM!
MÄÄH!!!
VERSCHWINDE! RAUS HIER!!

?

NOAH ?!
PAC!
PAC!
PAC!
PAC!
PAC!

?!
WAS IN GOTTES NAMEN BAUST DU DA ?!

ICH BAUE IN GOTTES NAMEN EINE ARCHE!
WARUM DENN DAS?!
PAC! PAC! PAC!
?
WEGEN DER SINTFLUT! DER HERR SPÜLT ALLE VERDERBNIS HINFORT VON ERDEN! NUR MIT MIR HAT ER EINEN BUND GESCHLOSSEN!
SINTFLUT?! WANN?!
PAC! PAC! PAC!!
SOBALD ICH HIER FERTIG BIN!
ABER ... SOHN! DANN MÜSSEN WIR JA AUCH ARCHEN BAUEN!
UNTERSTEHT EUCH!! DER HERR SCHLOSS DEN BUND EXKLUSIV MIT MIR!!! ER WILL JA GERADE ALLE VERDERBNIS AUSLÖSCHEN AUF ERDEN!!!
HÄLTST DU UNS ETWA FÜR VERDERBT?!!
NA, IRGEND'N DRECK WERDET IHR SCHON AM STECKEN HABEN!!!

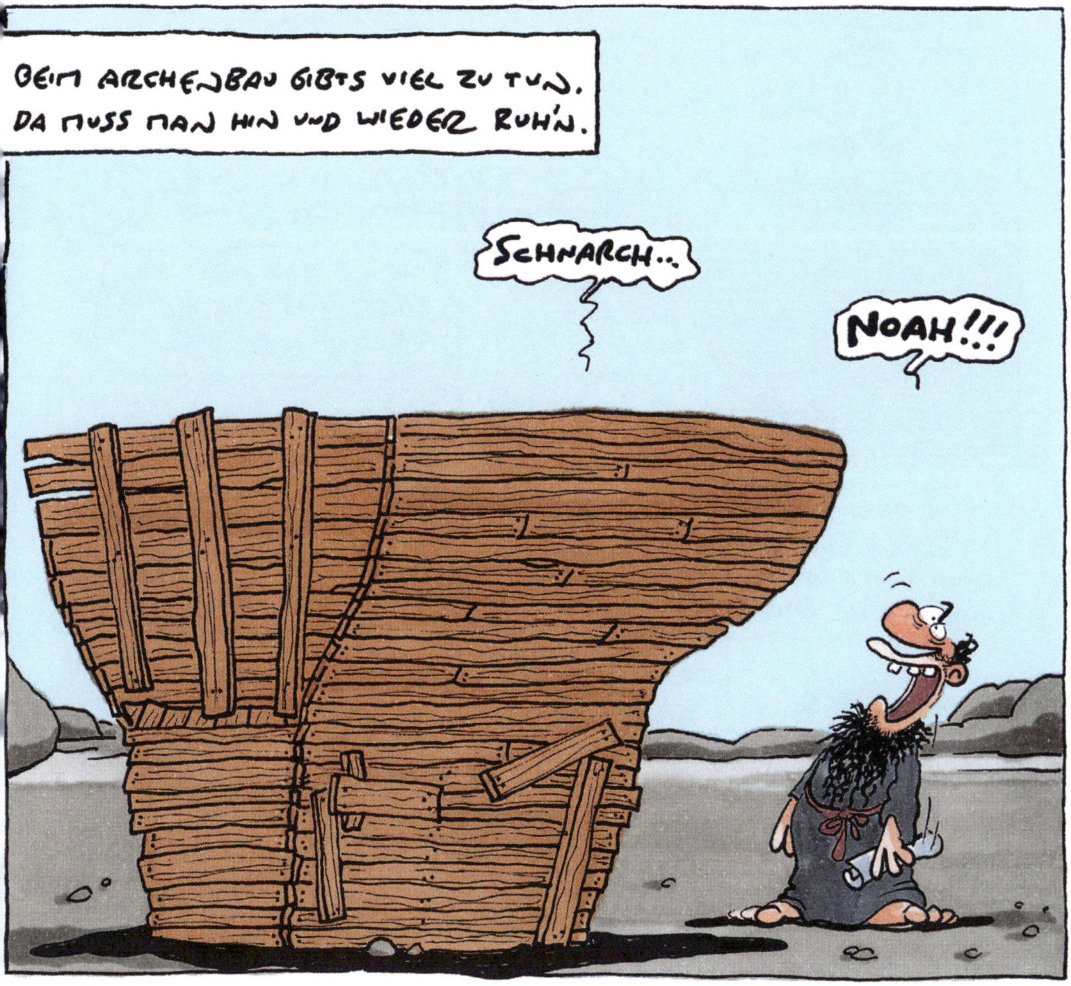

BEIM ARCHENBAU GIBTS VIEL ZU TUN.
DA MUSS MAN HIN UND WIEDER RUH'N.

SCHNARCH...

NOAH!!!

HERR ?!
NEIN, HIER IST NICHT DER HERR!! HIER IST JEREMIAS VOM BEZIRKSAMT GOMORRHA!!

OH.
DU KANNST DIR VORSTELLEN, WARUM ICH HIER BIN, NOAH! DAS, WAS DU DA BAUST, SIEHT NICHT AUS WIE EIN NEUER ZIEGENSTALL!!!
NICHT?
NEIN! DAS SIEHT MIR EHER AUS WIE 'NE ARCHE ODER SO WAS!

'NE ARCHE ?! IST JA LACHHAFT! WOZU SOLLTE ICH DENN EINE ARCHE BAUEN ?!
NEUE GEBÄUDE MÜSSEN SICH DEM TRADITIONELLEN BAUSTIL DER UMGEBUNG ANPASSEN, ALLES ANDERE MUSS ERST BEANTRAGT WERDEN, DAS WEISST DU GENAU!
JA, JA...
ALSO WIESO SIEHT DEIN NEUER ZIEGENSTALL AUS WIE EIN SCHIFF ?!

Noahs Frau! Jetzt **nicht** erschrecken!
ICH bin's nur!

RÖCHEL ...

Ich sagte doch, du sollst nicht erschrecken!!
ABER ... WER ...
Entspann dich! Ich will nur kurz mit dir über deinen Gatten reden!

ÜBER MEINEN ... GATTEN ?!!
Ja. Aber wegen MIR musst du dich nicht verhüllen!
NICHT ?! ABER WENN MICH FREMDE MÄNNER ANSEHEN, UND DANN NOCH VON OBEN ...

Ich bin kein Mann, ich bin der HERR! Und das mit dem Verhüllen der Haare ist auch nicht meine Idee ...
ACH, NEIN ?

Nein. Sondern die deines eifersüchtigen Patriarchen! Da würde ich an deiner Stelle mal in zivilen Ungehorsam treten!

Ja, Männer ... So sind sie ...

Ja, dein Gatte erzählt viel ... Noah trampelt mir seit einiger Zeit ziemlich auf dem Nerv rum!

Das mit der Sintflut ist auch nicht meine Idee!

Er verlangt allen Ernstes, dass ich die ganze Welt ersäufe, nur weil er überall Verderbnis sieht.

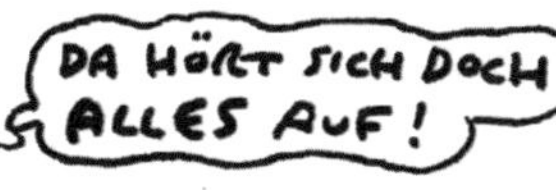

Eben.

Nun ... doch.

Frau, leih mir dein Ohr...

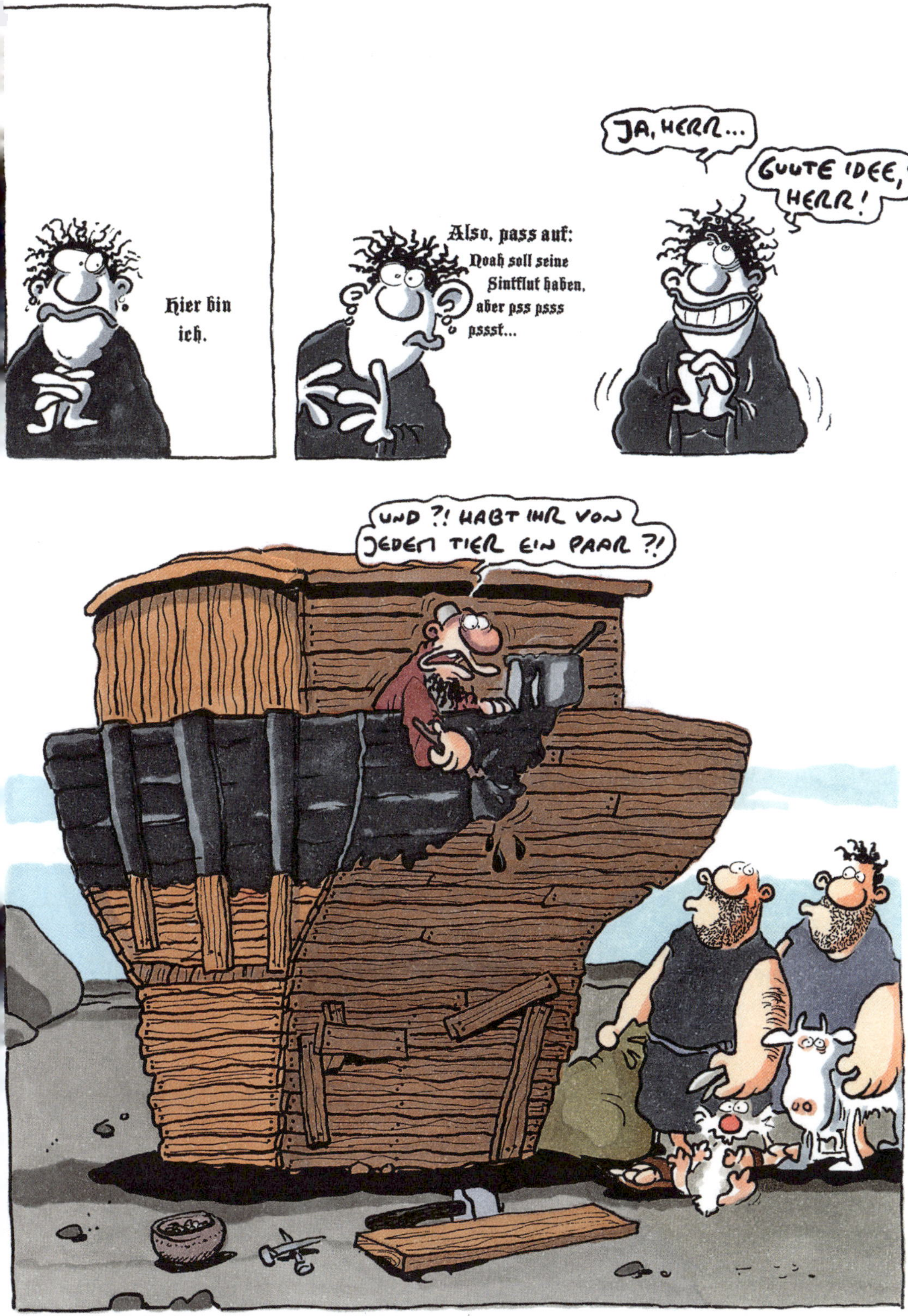

UND ?! HABT IHR VON JEDEM TIER EIN PAAR ?!

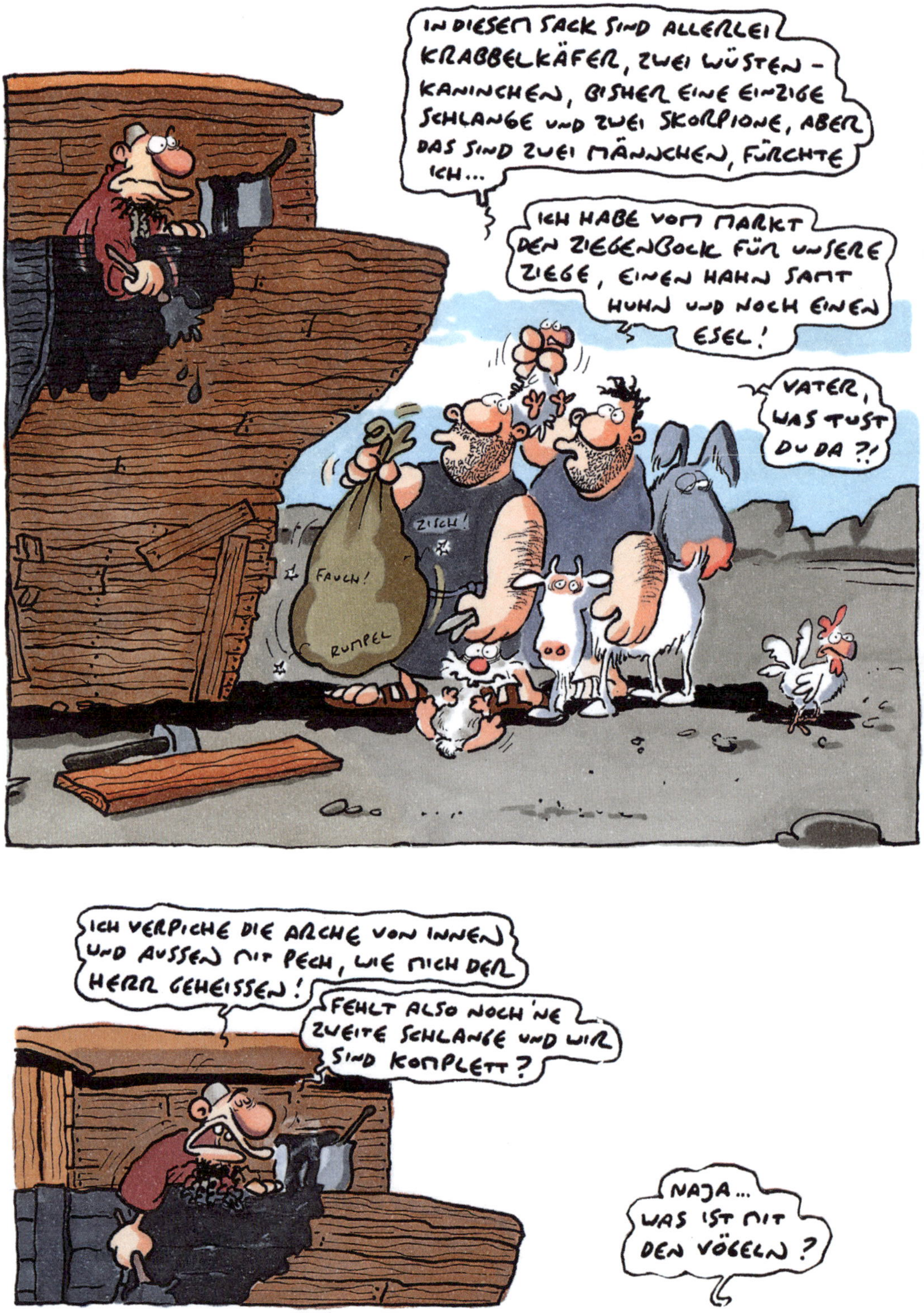

IN DIESEM SACK SIND ALLERLEI KRABBELKÄFER, ZWEI WÜSTEN-KANINCHEN, BISHER EINE EINZIGE SCHLANGE UND ZWEI SKORPIONE, ABER DAS SIND ZWEI MÄNNCHEN, FÜRCHTE ICH ...
ICH HABE VOM MARKT DEN ZIEGENBOCK FÜR UNSERE ZIEGE, EINEN HAHN SAMT HUHN UND NOCH EINEN ESEL!
VATER, WAS TUST DU DA ?!
ZISCH!
FAUCH!
RUMPEL

DIE WERDEN SCHON GEFLOGEN KOMMEN!
UND DIE WÖLFE ?!
STIMMT! WAS IST MIT DEN WÖLFEN ?!

PSSTH! NICHT SO LAUT! WIR KÖNNEN UNMÖGLICH MIT ZWEI WÖLFEN AUF DIE ARCHE!!!
ABER SAGTE DIR DER HERR NICHT, VON JEDEM TIER...
JA, ABER DOCH KEINE WÖLFE!

WAS MEINT IHR, WAS HIER LOS IST MIT ZWEI WÖLFEN ?! WIR HABEN KRABBELKÄFER, HÜHNER, ESEL, ZIEGEN, SKORPIONE UND KANINCHEN! DASS DIE WÖLFE FEHLEN, MERKT DER HERR DOCH GAR NICHT!
ABER...

ENDE DER DEBATTE! KEIN MENSCH BRAUCHT WÖLFE, DARUM STERBEN SIE EBEN AUS, BASTA!

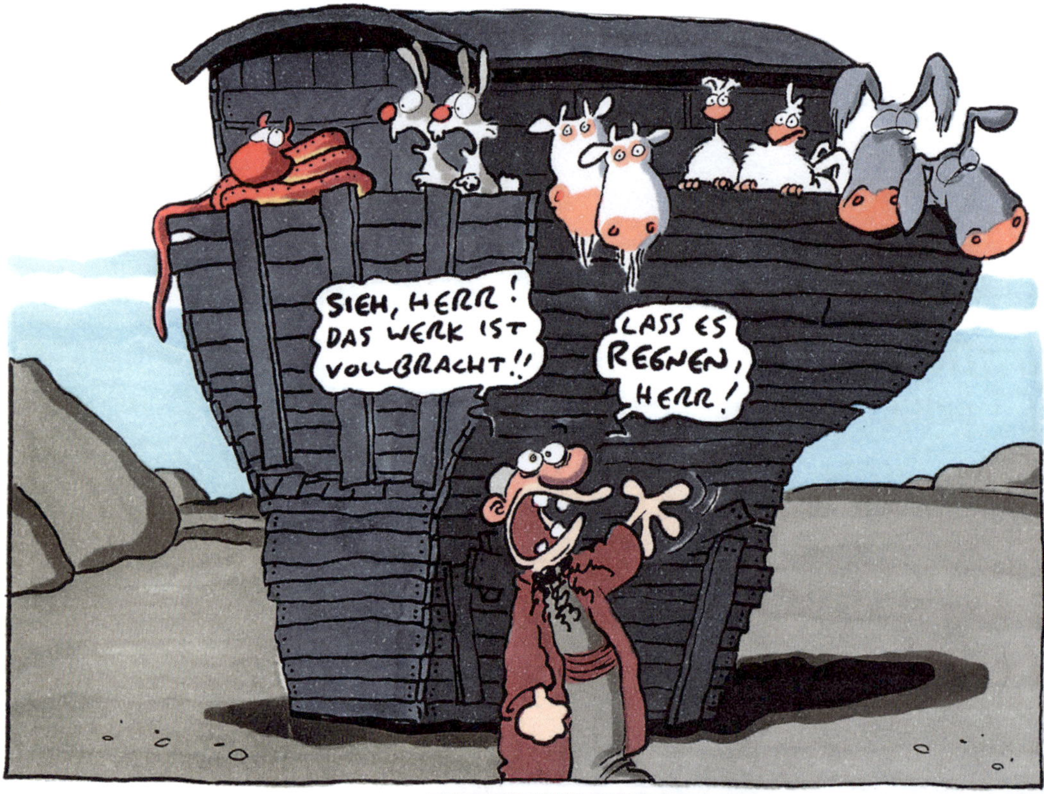

SIEH, HERR! DAS WERK IST VOLLBRACHT!!
LASS ES REGNEN, HERR!

Noah, was soll das sein?

Hm... Von jedem Tier ein Paar?

Und wo sind die Wölfe auf deiner Arche, Noah?

Aha. Lieber keine Wölfe.

Du meinst also, diese edlen, schönen Tiere sollten vom Erdboden verschwinden?

OH NEIN, HERR! WENN DU UNBEDINGT WERT AUF WÖLFE LEGST, WERDEN WIR EIN PLÄTZCHEN FÜR SIE FINDEN!
?!
QUAK!

?!
QUAK...

ÄH ... WAS FÜR SELTSAME TIERE SIND **DAS**, HERR?

Goliathfrösche. Gehören zur Gattung der Froschlurche, im Volksmund auch „Frösche“.

ANDERERSEITS FANGEN SIE MIT IHREN KLEBRIGEN ZUNGEN NICHT NUR IHRE BEUTE! ICH SEHE SIE VERDERBT VOR MEINEN AUGEN UND VERDERBT –

Noah!!!

NA GUT... DANN EBEN AUCH NOCH FROSCHLURCHE IN DIE ARCHE!
BROOP...

?
Sowieso.
QUAK...

ABER NUR EIN PAAR!
QUAK...
QUAK
QUAK...
QUAK

Sicher, von jeder Art ein Paar! Also je zwei Goliathfrösche, Nilfrösche, Ochsenfrösche, Hornfrösche, Mexikanische Klippenfrösche, Goldlaubfrösche, Panzerkopflaubfrösche, Beutelfrösche, Tomatenfrösche, Erdbeerfröschchen, Rotohrfrösche, Ferkelfrösche, Langfingerfrösche, Haarfrösche, Hamiltonfrösche, Boophis-Axelmeyerfrösche, Schwanzfrösche, Krallenfrösche … Hochstetterfrösche, Schweinsfrösche, Gespenstfrösche, Seychellenfrösche, Schmuckhornfrösche, Sumpffrösche, Krötenpfeiffrösche … Überhaupt, die Kröten!

… Pantherkröten, Blombergkröten, Schwanznarbenkröten, Wabenkröten, Rokokokröten …

Findest du? Aber die Unken! Riesenunken, Goldbauchunken, Rotbauchunken, Gelbbauchunken …

Ich vergaß die Stummelfußfrösche, die Eichenkröten, die Syrischen Schaufelkröten...

Nicht?!

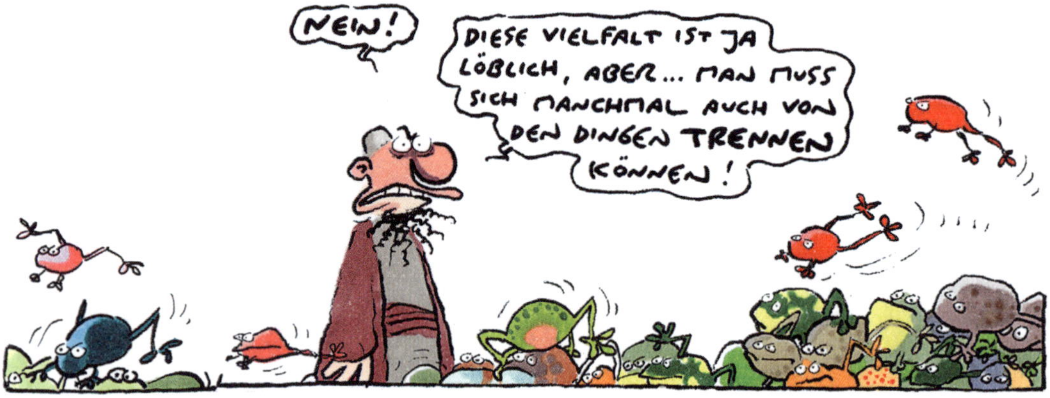

NEIN!

DIESE VIELFALT IST JA LÖBLICH, ABER... MAN MUSS SICH MANCHMAL AUCH VON DEN DINGEN TRENNEN KÖNNEN!

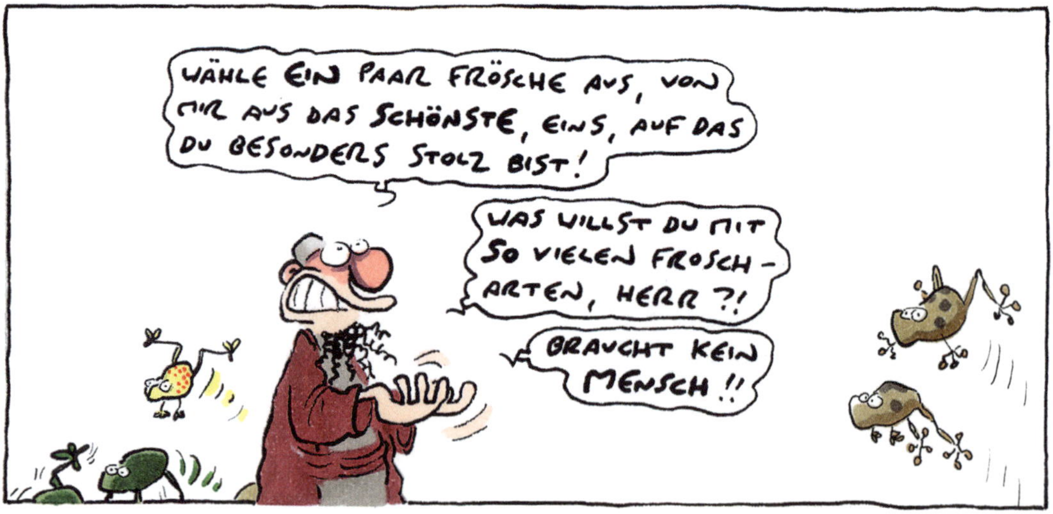

WÄHLE EIN PAAR FRÖSCHE AUS, VON MIR AUS DAS SCHÖNSTE, EINS, AUF DAS DU BESONDERS STOLZ BIST!

WAS WILLST DU MIT SO VIELEN FROSCHARTEN, HERR?!

BRAUCHT KEIN MENSCH!!

Hm. Welche Art wähle ich denn? Den Katholikenfrosch oder den Darwinfrosch?!

Ach nein, lieber den Darwinfrosch! Schon wegen der lustigen Nase ...

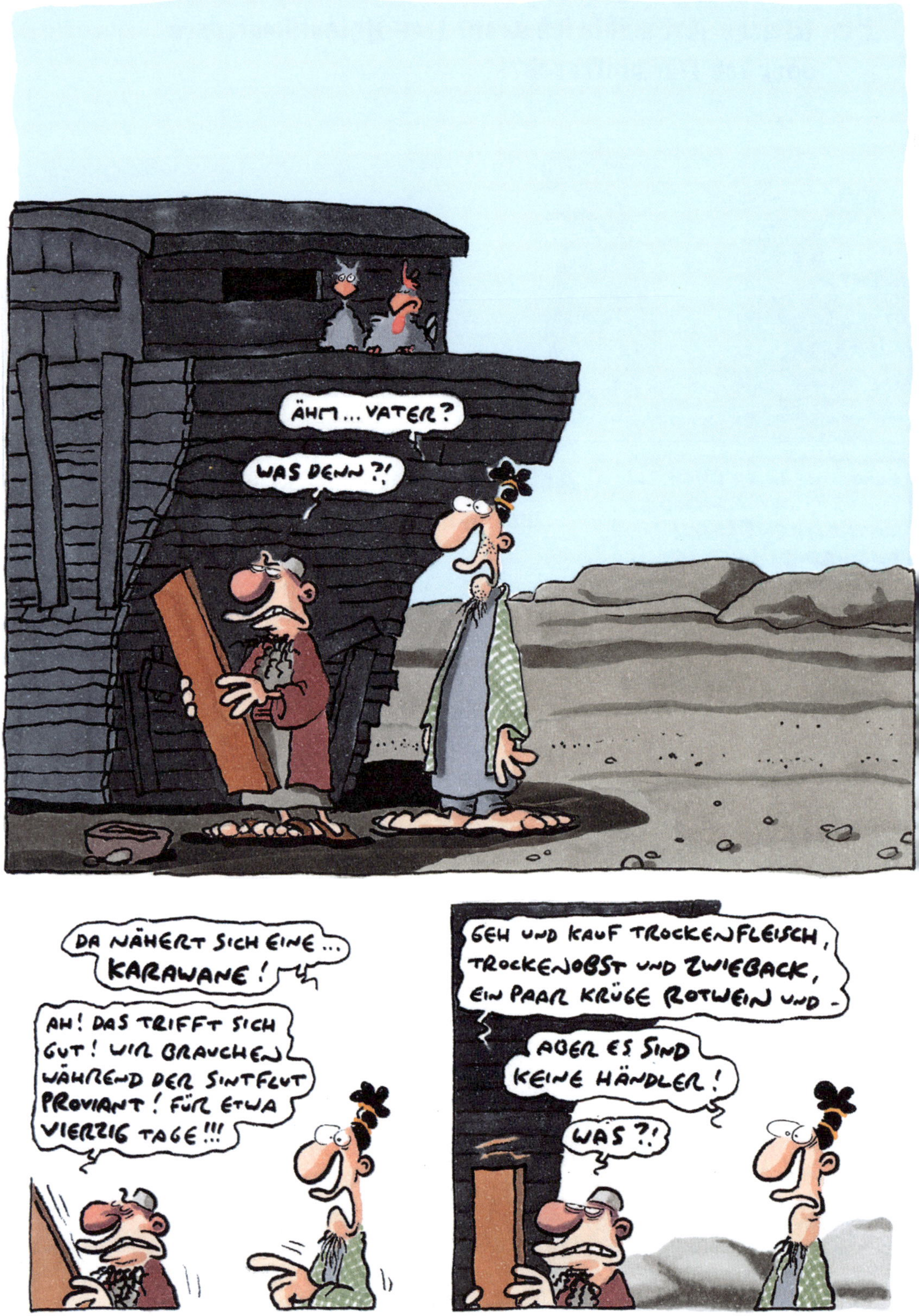

ÄHM ... VATER?
WAS DENN ?!

ÄH... HERR? WIR MÜSSEN REDEN!

HERR, WAS IST DAS HIER FÜR EIN TIER?

Ein Elefant.
EIN ELEFANT. ZWEI VON DIESEN ELEFANTEN UND DIE ARCHE IST VOLL.
DANN PASST NICHT MAL MEHR 'NE HEU-SCHRECKE REIN, GESCHWEIGE DENN ICH!

Ach ja. Ich vergaß. Und du **MUSST** natürlich reinpassen, denn du bist ja die Krone der Schöpfung!

Mir reicht's eigentlich, wenn sie lustig vor sich hin leben und nicht mehr Stress machen als nötig.

STÖHN ... WEIBER UND RÄUMLICHES VORSTELLUNGS-VERMÖGEN ...

WAS SOLL DENN DAS HEISSEN, FÜR DIE TIERE IST KEIN PLATZ IN DER ARCHE ?!!
WIESO IST DEIN HAAR NICHT VER-HÜLLT ?!!

WAS ?! ES SIND TIERE !! MUSS ICH MEIN HAAR AUCH NOCH VOR DEN BLICKEN DER TIERE VERSCHLEIERN ?!
ES IST NUR ... EIN PAAR DIESER TIERE ERSCHEINEN MIR VERDAMMT MENSCHEN-ÄHNLICH ...
... GUCK DIR DIE AN !!

DER GROSSE DA KRATZTE SICH VORHIN UNGENIERT LANGE AM VIEL ZU BUNTEN HINTERN!

DAS TUST DU AUCH MANCHMAL, UND DEINER IST NICHT MAL BUNT!! ALSO, WAS SOLL AUS ALL DEN TIEREN WERDEN, WENN SIE NICHT IN DIE ARCHE PASSEN?!
WEIB, DAS IST 'NE SACHE ZWISCHEN DEM HERRN UND MIR! HALT DICH DA RAUS!

AH! UND WEGEN DIESER SACHE ZWISCHEN DEM HERRN UND DIR SOLL DIE GANZE WELT ERSAUFEN?! SÄMTLICHE MENSCHEN UND DIE TIERE, UNSCHULDIGE GESCHÖPFE, MÜTTER UND KINDER, ALL UNSERE NACHBARN –
KOLLATERALSCHADEN.

KOLLATE –
?!!

STEIG ALLEIN IN DEINE ARCHE! ICH KOMME NICHT MIT!
?!
DU WIRST SCHON GELAUFEN KOMMEN, WENN ES ERST MAL REGNET!!!

VATER, ICH HABE GERADE MIT MUTTER GEREDET. WENN DU UND GOTT WIRKLICH DIE WELT VERNICHTEN WOLLT...
WAS DANN?! SPRICH DICH AUS!

...DANN GEHE ICH AUCH NICHT IN DIE ARCHE, GENAU SO WIE MEINE FRAU UND MEIN SOHN.
WAS?! NATÜRLICH GEHT IHR IN DIE ARCHE! SEID FROH, DASS GOTT UNS VERSCHONT!!
WIR MACHEN DAS MIT DER SINTFLUT JA NICHT AUS SPASS!
TA!

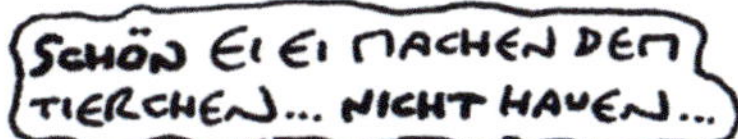
SCHÖN EI EI MACHEN DEM TIERCHEN... NICHT HAUEN...

WIR MÜSSEN DER VERDERBNIS HERR WERDEN! WO GEHOBELT WIRD, FALLEN SPÄNE!!
PATSCH!

ICH HABE VIELE FREUNDE IN SODOM! SEHR KULTIVIERTE LEUTE! DURCHWEG NETTE ZEITGENOSSEN.
IN SODOM HERRSCHT DIE SÜNDE, HUREREI, GÖTZENVEREHRUNG, BLASPHEMIE, VERDERBNIS!

MACH MAL EI DEM LIEBEN TIERCHEN... EI...
WUSSTEST DU, DASS IN SODOM MÄNNER MÄNNER HEIRATEN?! WAS IST FREVEL GEGEN GOTTES ORDNUNG, WENN NICHT DAS?!

UND JETZT MACH MAL EIA EIA DEM SCHLECHT GELAUNTEN, HOMOPHOBEN OPA... EI... EI...
EI...
?!

WIR GEHEN NICHT IN DIE ARCHE! GRÜSS GOTT.
GOTT TUT DAS DOCH NUR, DAMIT IHR'S SPÄTER MAL BESSER HABT!!!

VATER, AUCH WIR HABEN BESCHLOSSEN, NICHT IN DIE ARCHE ZU GEHEN.
WAS?!

WIR WOLLEN NACH DEM DESASTER NICHT IN EINER ABGESOFFENEN WELT LEBEN. LEB WOHL!
MOMENT MAL!! SO LANGE IHR EURE FÜSSE UNTER MEINEN TISCH STELLT... ÄH...

Mach dir nichts draus. Umso mehr Platz in der Arche ist für die Tiere!

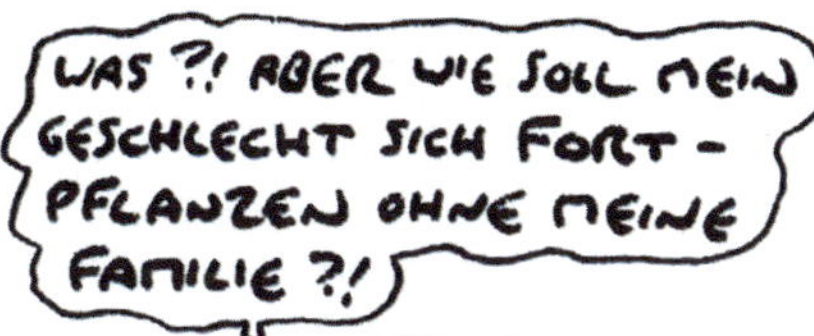

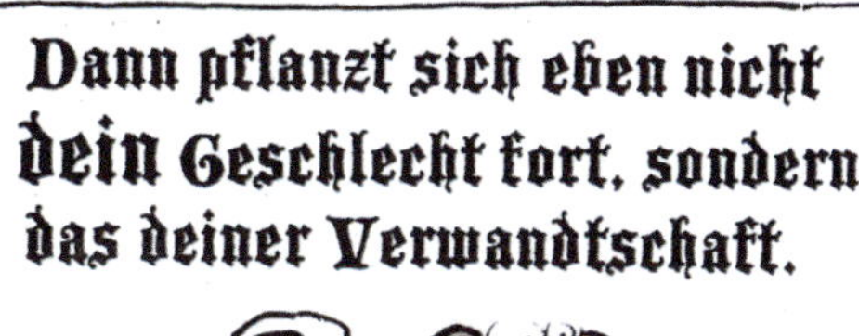

Also, ich würde sagen, wir retten die Affen, ein paar Nagetiere und Amphibien, Insekten ...

Noah, bring die Tiere in den Kahn!

HERR! ES GIESST IN STRÖMEN HIER!!!

Noah! Hurry up und schließ die Tür!!!

NOAH FOUND GRACE IN THE EYES OF THE LORD NOAH FOUND GRACE IN THE EYES OF THE LORD...

NOAH FOUND GRACE IN THE EYES OF THE LORD...

...AND HE LANDED HIGH AND DRY!
DAS IST NICHT DER MOMENT FÜR LUSTIGE LIEDER!!!

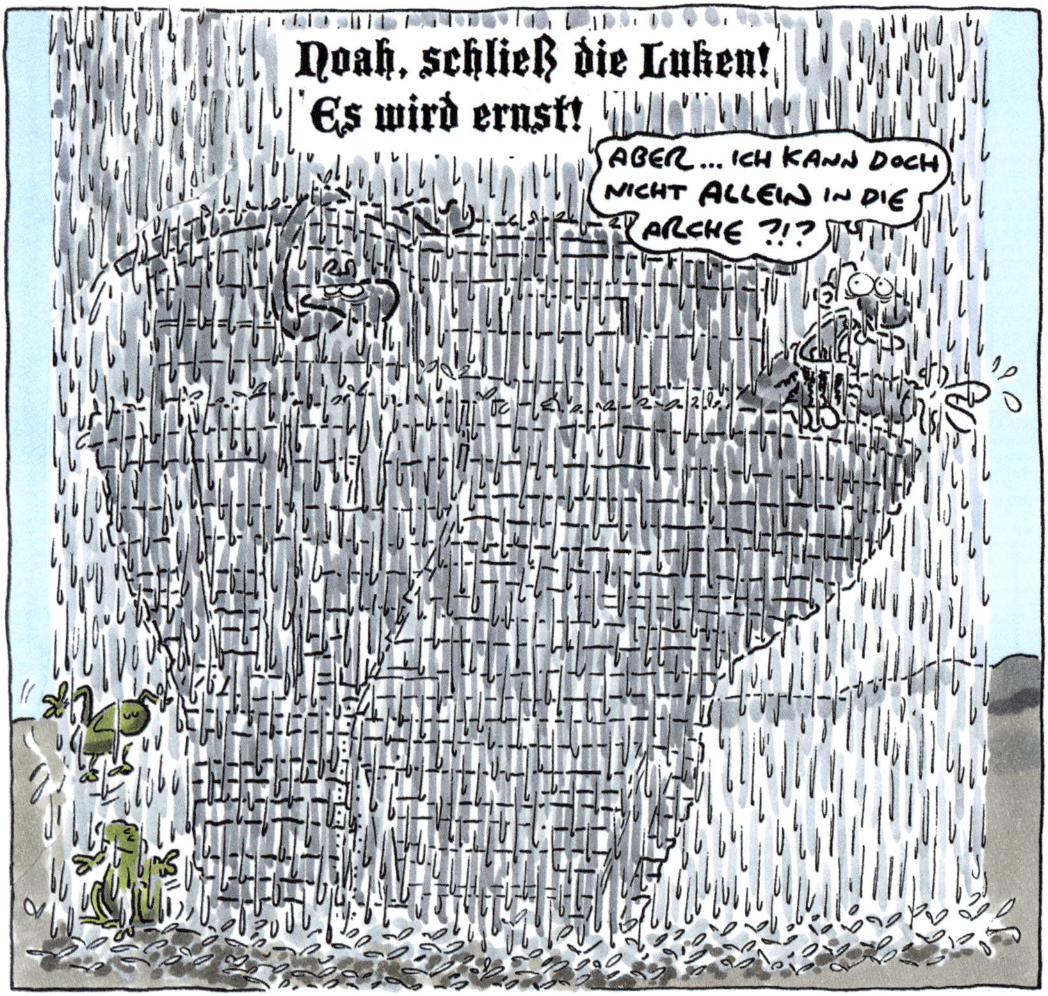

Noah, schließ die Luken! Es wird ernst!

ABER ... ICH KANN DOCH NICHT ALLEIN IN DIE ARCHE ?!?

Deine Familie will nun mal nicht mit! Sie wollen untergehen, mit der Verderbnis!

Noah, keine Zeit für Diskussionen!

HERR! WAS SOLL ICH ALLEIN MIT DEM VIEH IN DER ARCHE?! DAS ERGIBT KEINEN SINN!! WIR MÜSSEN AN ZUKÜNFTIGE GENERATIONEN DENKEN!!!

ES ... GIBT IN GOMORRHA DIESES DRALLE, BLONDE WEIB, DAS DORT IMMER AUF DEM GEHSTEIG STEHT UND ... ALSO, DAS GEWERBE IST VERDERBT, ABER DU KÖNNTEST IHR DIE SÜNDEN VERGEBEN UND SIE ZU MIR ... IN DIE ... ARCHE?

Noah, ich glaub's ja wohl nicht!

WAR NUR'N VERSUCH.

Noah, deine Familie will nicht in die Arche. Geh jetzt hinein und schließ die Luken, du erkältest dich noch!

ICH STERBE ALSO AUS.
Das kann man so nicht sagen ...

ACH, NEIN? WIE DENN?!

Du bist der Letzte deiner Art. Mit dir stirbt die Menschheit aus! Aber die war ja ohnehin verderbt, nicht wahr?!

DER GOTTGEWOLLTEN SCHÖPFUNG
ZIER IST NACH DEM MENSCHEN
GLEICH DAS TIER!

ZWAR FÄHIG NICHT ZUR SELBST-
ERKENNTNIS UND OHNE ALLGEMEIN-
VERSTÄNDNIS ...

WAS ZWANGSLÄUFIG MIT SICH
BRINGT, DASS NICHT VERNUNFT,
SONDERN INSTINKT SEIN UN-
BEWUSSTES HANDELN LENKT,
WEIL SEIN VERSTAND NUN MAL
BEENGT ...

...SO IST'S DOCH DER NATUR VON NUTZ IG
UND JE NACH ART SOGAR NOCH PUTZIG!

ANDERERSEITS, ES STEHT DOCH SCHLIMM
UM ANSTAND, WERTE UND BENIMM!

WO IST BEIM TIER MORAL
UND SITTE? GAR WÜRDE
ODER SCHAM? NA BITTE!
?!

DAS TIER MAG GUT
UND NÜTZLICH SEIN...
???!

Steh auf. Es ist vollbracht.

Ja, kein leeres Geschwätz, keine Marktschreiereien, kein geiles Gekeuch, keine Hochzeitsglocken für Homo-Ehen, keine Gotteslästerungen, kein Verkehrslärm, keine plärrende Musik! Nur heilige, leblose Stille. Herrlich, nicht wahr?!

JA... KRÄCHZ...
...HERRLICH, HERR!

DAS IST ALSO DIE SINTFLUT...

Und alle Verderbnis.

Na ja, Noah, ein **bisschen** Weltuntergang geht nicht!
Sieh sie als Märtyrer!

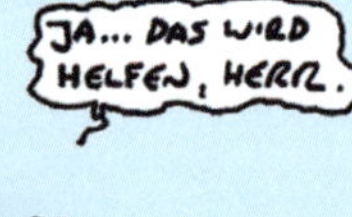

HERR!!! WAS HABEN WIR NUR GETAN?!!

Wie jetzt...? Das ist der gewünschte Weltuntergang!! Du wolltest alle Verderbnis ausmerzen, also...
MACH ES RÜCKGÄNGIG!!

Was?! Also, Noah ...
ICH BITTE DICH, HERR! MACH ES RÜCKGÄNGIG!!!

Geht nicht. Ersäuft ist ersäuft.

WO SIND ALL DIE MENSCHEN?! WO IST ALLES, WAS KREUCHTE UND FLEUCHTE?! NUR ICH MUSS LEBEN, ICH ELENDER!!!

ÜBER DIE VERDERBNIS WOLLTE ICH RICHTEN UND BIN NUN DER VERDERBTESTE VON ALLEN!!! WO SIND MEINE SÖHNE, MEINE SÖHNESSÖHNE UND ALL DAS WEIBSVOLK ?!! HÖRE MEIN KLAGEN, HERR!!

GAB ES JE EINEN SELBSTGERECHTEREN ALS MICH ?!! OK, ADAM HAT IN DEN APFEL GEBISSEN, NOCH SCHLIMMER!! ABER...

WO IST DAS LACHEN DER KINDER, WO DAS SEUFZEN DER LIEBLICHEN –
NOAH, KOMM RUNTER! DAS IST NICHT DIE SINTFLUT, DAS IST DAS MITTELMEER!

MITTELMEER ?!!

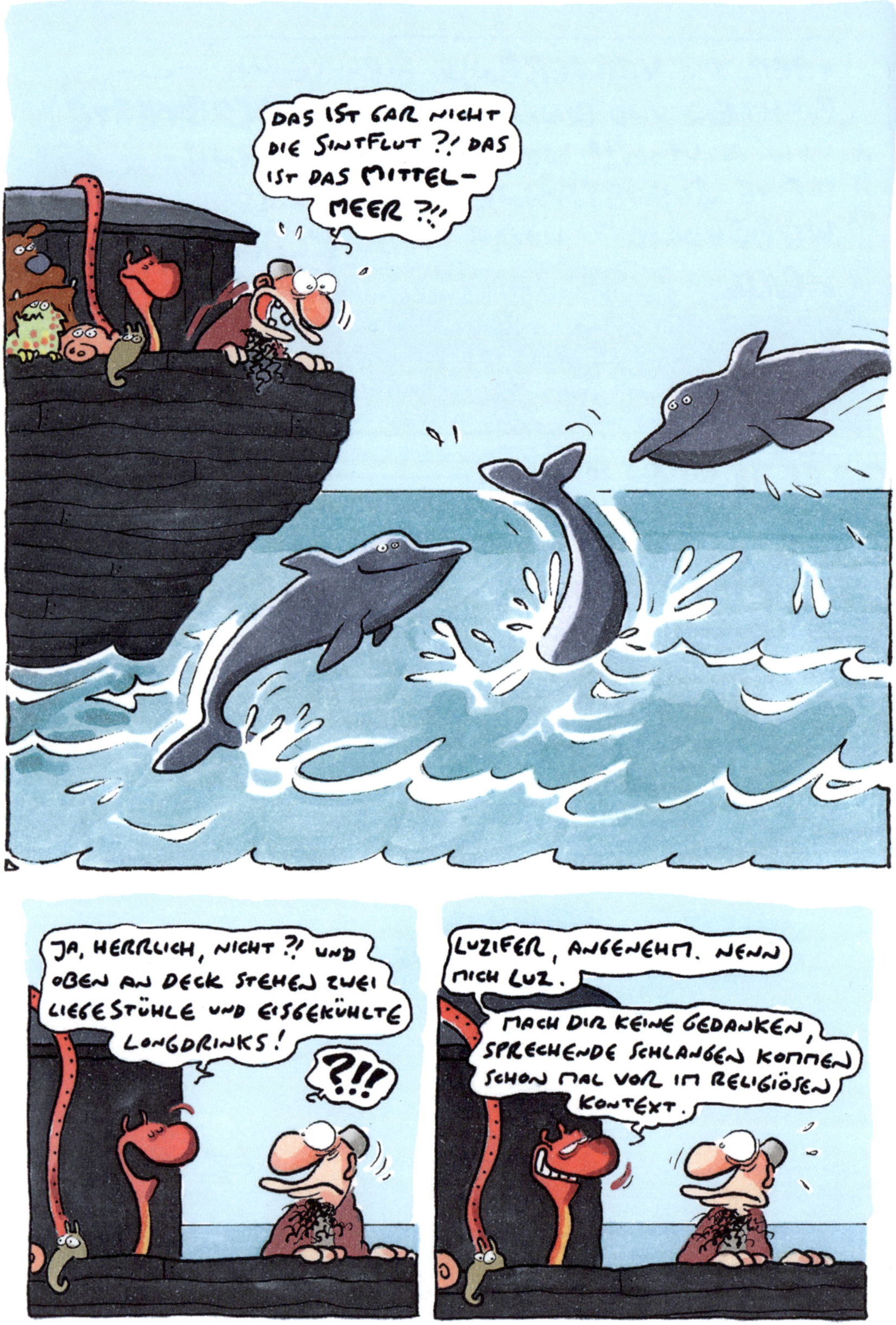

DAS IST GAR NICHT DIE SINTFLUT ?! DAS IST DAS MITTELMEER ?!!

Nein!
Könnte man nicht!!!

VON UNSICHTBARER, SANFTER HAND
WURDE DIE ARCHE NUN GALANT
AUS DEM MEER EMPORGEHOBEN...

... BIS SIE SCHLIESSLICH OBEN DROBEN,
EINEM ZEPPELINE GLEICH,
SCHWEBTE ÜBERM GROSSEN TEICH.

UND NOAH STAND UND STAUNTE NUR
DENN NUN SAH ER FELD UND FLUR,
SEEN UND FLÜSSE INKLUSIVE
AUS DER VOGELPERSPEKTIVE!

SAH LANDSCHAFTEN MIT GRÜNEN WÄLDERN
SAH BAUERSLEUTE AUF DEN FELDERN,
MIT GETREIDE, REIS UND TEE!
SAH BERGE, GANZ BEDECKT MIT SCHNEE!

SAH TIERE ZIEHN IN GROSSEN HERDEN
UND SAH ALL DAS VERGEHN UND WERDEN
IM FLUSS DER ZEIT UND MITTENDRIN
EINEN GROSSEN, SCHÖNEN SINN!

ER SAH DIE GANZE IRD'SCHE PRACHT!
DA ERGRIFF MIT ALLER MACHT
IHN LIEBE FÜR DIE SCHÖNE WELT
UNTERM WEITEN HIMMELSZELT.

Noah! Wär's nicht eine Schande, hätte ich all die schönen Lande, nur weil was hier und da verderbt, den künft'gen Menschen nicht vererbt, sondern brutal und ganz gezielt geflutet und hinfortgespült?! Woll'n wir die Schöpfung nicht bewahren, uns den Weltuntergang ersparen und alles lassen, wie es war?!

DIE ARCHE LANDET PUNKTGENAU
VOR NOAHS ZELT. UND SEINER FRAU,
DEN SCHWIEGERTÖCHTERN UND DEN SÖHNEN
KOMMEN PROMPT DIE FREUDENTRÄNEN
BEIM WIEDERSEHN! NA, UND VIELLEICHT
WURDEN AUCH NOAHS AUGEN FEUCHT ...

WIR WISSEN'S NICHT, DENN, BITTE SEHR,
GLAUBT DIE GESCHICHTE IRGENDWER?
DIE SINTFLUT IST EIN **MYTHOS**, KLAR!
UND IN'NEM STAAT, DER SÄKULAR,
DARF MAN ES GOTTLOB JA SAGEN:
SIE HAT SICH NIEMALS ZUGETRAGEN!

ES IST DER MENSCH, DER UNGENIERT
DERZEIT DIE SCHÖPFUNG AUSRADIERT,

OB GLÄUBIG ODER ATHEIST,
BIS WENIG DAVON ÜBRIG IST!

AM ENDE BLEIBT DANN HOFFENTLICH
NICHT NUR EIN DÜNNER BLEISTIFTSTRICH!

IM LETZTEN BILD WÄR DANN NICHTS DRIN.
LEER WÄR DIE WELT.
UND OHNE SINN.

Ralf König, geboren 1960 in Soest/Westfalen, wurde Anfang der 1980er Jahre der erfolgreichste Comiczeichner der Schwulenszene; den großen Durchbruch bei einem breiten Publikum erlebte er 1987 mit dem Rowohlt-Titel «Der bewegte Mann». Seine Comics sind in zahlreiche Sprachen übersetzt und dienten als Vorlage für Kinofilme, Bühnenstücke und Puppentheater. Er erhielt mehrfach Auszeichnungen als bester deutscher und internationaler Comiczeichner, unter anderem auf dem Internationalen Comic-Salon Erlangen 2006 den Spezialpreis der Jury für seine künstlerische Stellungnahme im Streit um die Mohammed-Karikaturen. «Prototyp» wurde 2009 mit dem Sondermann gewürdigt und im Jahr darauf zusammen mit dem Nachfolgeband «Archetyp» mit dem Max-und-Moritz-Preis für den besten Comic-Strip. Der dritte Band der Bibel-Trilogie, «Antityp», liegt im Rowohlt Buchverlag vor. Ralf König ist im Beirat der Giordano-Bruno-Stiftung.

Mehr zum Autor unter: www.ralf-koenig.de

«Saukomisch erzählt, wunderbar schlampiger Federstrich.» Playboy

«Mindestens genauso gut wie der erste Band ‹Prototyp›, vielleicht noch einen Tick besser […] König ist ein theologisches Naturtalent.» Deutschlandradio

3. Auflage Januar 2015

Veröffentlicht im Rowohlt Taschenbuch Verlag,
Reinbek bei Hamburg, Dezember 2010

Lektorat Jürgen Volbeding
Umschlaggestaltung any.way, Cathrin Günther
(Illustration Ralf König)
Lithografie Grafische Werkstatt Susanne Kreher, Hamburg
Druck und Bindung CPI books GmbH, Leck, Germany
ISBN 978 3 499 25351 5

Das für dieses Buch verwendete Papier ist FSC®-zertifiziert.